Heinrich Preschers

Entwurf oder Grundplan zur bessern Erziehung, Bildung, und Versorgung

Versorgung

48 Armer Mädchen von Adelich-Bürgerlichem und Bauern Stand

Heinrich Preschers

Entwurf oder Grundplan zur bessern Erziehung, Bildung, und Versorgung
48 Armer Mädchen von Adelich-Bürgerlichem und Bauern Stand

ISBN/EAN: 9783743441637

Hergestellt in Europa, USA, Kanada, Australien, Japan

Cover: Foto ©ninafisch / pixelio.de

Weitere Bücher finden Sie auf **www.hansebooks.com**

Entwurf

oder

Grundplan

zur

bessern

Erziehung, Bildung, und Versorgung
48 Armer Mädchen

von

Adelich = Bürgerlichem und Bauern Stand.

⬦

Entworfen

von

dem wohlthätigen Erziehungs=
Institut in Bayern.

1793.

Jeder Mensch ist schuldig, andern Mitmenschen soviel Gutes zu erweisen, als man in seiner Lage thun kann.

v. S.

Vorrede.

Es ist beynahe die Welt mit Er-
ziehungsschriften so überhäuft, daß es
überflüßig zu seyn scheint, noch meh-
rers davon zu schreiben. — Wenn man
aber in Erwägung zieht, daß fast noch
keine solche Schriften — so gemeinnü-
tig sie auch immer sind — ihren Endzweck erreicht haben; so schmeichelt sich
das wohlthätige Erziehungsinstitut in
Bayern, mit Entwerfung gegenwärtigen Grundplans, vor allen das Ziel
zu erreichen, weil fast noch in keinem

Staat

Staat auf die Erziehung, Bildung und Versorgung des weiblichen Geschlechts, wie in diesem, gedacht worden ist. Der Unternehmer dieser Arbeit hat lange nachgedacht, welche Erziehungsschrift er zum Urstof seines Plans erwählen sollte — — endlich fiel seine Wahl auf die Harmonie, oder Grundplan zur bessern Erziehung des weiblichen Geschlechts, welche 1788 von Karl Reichsgrafen von F. . . . aus dem Englischen in das Deutsche übersetzt worden. Man wird also aus diesem,

in

in seiner Art einzigen Buche all jenes mit seinem ganzen Inhalt beybehalten, was dem Entzweck gegenwärtiger
Schrift angemessen ist, und all jenes
weg lassen, was keine Entsprechung
hoffen läßt.

Der von dem Institut erwähl-
te Verfasser ist kein Gelehrter, sondern nur ein thätiger Mitwirker dieser
landesgemeinnützigen Arbeit.

Es wird diesemnach dieses nicht
als sein, sondern als ein Werk, an
                                    wel-

welchem viele rechtschaffene — einsichts=
volle Männer und Damen gearbeitet,
zur gütigen Aufnahm und Mitwirkung
anempfohlen', und nur noch dieses er=
innert, daß es auch SeinerChurfürstl.
Durchl. zu Pfalzbayern der gnädigsten
Bestättigung willen unterthänigst vor=
gelegt worden ist.

Einleitung

aus der

Englischen Uibersetzung.

———————•••———————

Allgemein sind die Klagen wider das weibliche
Geschlecht, allgemein der Wunsch, dieser
an Gestalt schönsten Hälfte der Menschheit durch
bess're Erziehung und Bildung auch jene des
Geistes und Herzens zu verschaffen, wodurch
der Mensch dem einzigen Endzweck seines Daseyns: Die immerwährende, nicht nur
ewige, sondern auch zeitliche Glückseligkeit, erreicht. Wir Menschen sind unstreitig
von dem Schöpfergeist des Weltalles, bestimmt, unter allen Geschöpfsklassen der Erde
die glücklichsten zu seyn, da wir die einzigen

A   sind,

sind, welchen er Verstand und Vernunft gab, durch die man allein Glück finden und fühlen kann; und doch siehet man in keiner Klasse der Geschöpfe soviel Elend, Unheil und Unglück, als eben in der Menschenklasse.

Die Ursache hievon kann unmöglich in etwas anderm, als darin liegen, daß fast alle Menschen eben die Hauptpflicht ihres Daseyns, das ewige, vorzüglichste Mittel, um hier in diesem Erdeleben unaufhörlich glücklich zu seyn, ausser Acht lassen. Natur, Vernunft, Gewissen, Moral, Religion, und alle sowohl göttliche als menschliche Gesetze rufen uns laut, und ohne Unterlaß zu, daß die Hauptpflicht des Menschen in der Liebe des Mitmenschen bestehe, und daß der einzelne Mensch nur in soferne während diesem Leben glücklich seyn könne, als er zur allgemeinen Glückseligkeit seiner Mitmenschen wirkt, und sie glücklich zu machen sucht.

Wären wir alle nicht blos dem Namen nach, sondern in der That Menschen, das ist, immer den Pflichten treu, die uns von der Natur unsers Wesens obliegen, so würde sich der

Fall

Fall unmöglich jemals ereignen können, daß irgend ein Mensch je unglücklich sey.

Allein um ächter Mensch zu werden, muß der Verstand aufgeklärt, das Herz gut und edel seyn; und dies erhält man blos durch gute Erziehung, und im Mangel der Erziehung durch gute Selbstbildung.

Hierin liegt die Urquelle des Menschenglücks, die blos dadurch verstopft worden ist, daß man das weibliche Geschlecht, von welchem die ganze Menschheit doch ihr Daseyn, und die erste Erziehung und Bildung erhält, ohne gehörige Erziehung und Bildung läßt, und es demselben zur förmlichen Pflicht macht, unwissend, thöricht, ja wohl oft selbst — boshaft zu seyn. Das weibliche Geschlecht ist in soferne auch unstreitig das Vorzüglichste in der Klasse der Menschen, daß dadurch das männliche sein Daseyn, und ausser dem Wesen des Körpers, wenn auch nicht das Wesen des Geistes, doch dessen vornehmste Fähigkeiten erhält. Man mache nur, daß alle Mütter geist- und tugendreich, vergnügt — und glücklich sind, und wir werden

entw

entweder gar keine, oder nur äusserst wenig bos
hafte Menschen mehr sehen, die doch das einzige Werkzeug alles Unheils sind, mit welchen
jeder Mensch ohne Unterlaß zu kämpfen hat.

Fast alle Religions = und Staaten = Stifter haben diese Wahrheit eingesehen, und sie be-
nutzt.

Selbst der Stifter unsrer geheiligten christlichen Religion dient hierin zum merkwürdigen
Beyspiel. Die Begebenheit mit der Samarita-
nerin, mit Magdalena, Martha, und so vielen
anderen, die wir in den heiligen Evangelien auf-
geführt finden, beweisen es, daß er sein vorzüg-
liches Augenmerk auf das weibliche Geschlecht
gerichtet, und die meiste Zeit seiner Lehre in
ihrer Gesellschaft zugebracht habe, um uns dadurch zu verstehen zu geben, daß derjenige, der
Menschenglück bewirken und befördern will, den
Anfang dazu mit dem Unterricht des weiblichen
Geschlechts machen müsse.

Und wirklich hat die christliche Religion
selbst ihre so schnelle und grosse Verbreitung
mei-

meistens dem weiblichen Geschlechte zu verdanken, wie es alle Jahrbücher des Christenthums vielfach und überzeugend beweisen; so wie es im Gegentheile ebenfalls klar und erwiesen ist, daß der in unserm Zeitalter sichtbare Verfall der Moral und Religion meistens dem zugeschrieben werden muß, daß man dieses Geschlecht durch vernachläßigte Erziehung immer in den bedaurenswürdigsten Zustand gelassen. Bessere Erziehung und Bildung des weiblichen Geschlechts ist daher unstreitig das Hauptbedürfniß unsers Zeitalters, das allgemeine, unentbehrliche Bedürfniß der Menschheit.

Allein ausser diesem fordert uns das ganze weibliche Geschlecht noch zur anderseitigen Hilfe auf; es bittet und flehet um — Versorgung.

Unmenschlich ist es und allerdings unverantwortlich von Seite vieler Staatsmänner, daß, nachdem die meisten unter ihnen zwar überhaupt von Tag zu Tag die Nahrungswege der Menschen mehr und mehr verschmälern, sie vorzüglich zu dem empörenden Nahrungsmangel

des

des weiblichen Geschlechts ganz gleichgültig
sind.

So wie der Mensch blos durch die Bosheit seiner Mitmenschen unstreitig das elendeste
Geschöpfe auf der Erde ist, so ist es das Frauenzimmer in der Klasse der Mitmenschen.

Das Herz muß jedem bluten, der das
dermalige Schicksal des weiblichen Geschlechts zu
überdenken im Stande ist. — — Der Freyheit
beraubt, sich nach Belieben einen Stand zu
wählen, ist jedes Mädchen durch Modegesetze
verbunden, geduldig zu warten, bis sie irgend
ein Mann zur Gefährtin seines Standes und
Lebens wählt. Erhält sie diese Wahl nicht, so
wird sie theils durch Staats- theils Modegesetze
gezwungen, wider die ganze Natur zu kämpfen,
und ihre so mächtigen Triebe zu ersticken.

Einsam muß sie auf ihrem Lebenspfad
fortwandeln, während dem sich alle übrigen Geschöpfe in Wollust und Wonne paaren; muß oft
in Elend und Noth schmachten, da ihrem Geschlechte beynahe alle Nahrungswege von dem
männ-

männlichen entrissen sind. Sie kann nicht Waffen zur See und zu Lande tragen, wird weder zu Staats- noch Kirchendiensten zugelassen, und doch entreißt man ihr auch seine Beschäftigung, die vormals, wie z. B. das Kochen, Nähen, Striken u. s. w. blos die eigenen Nahrungswege ihres Geschlechtes gewesen sind, so, daß es wirklich nicht Verbrechen des Frauenzimmers, sondern blos Verbrechen der Staatsmänner — und Vorgesezten ist, wenn sie aus Brodmangel mit den Naturreitzen ihres Körpers, die sie unentgeltlich empfieng, um sie unentgeltlich wieder nur der Liebe zu geben, einen geldbringenden Handel treibt, sie an den Meistbiethenden verkauft — — Wird sie hingegen zum Ehestand gewählt, so ist gemeiniglich Sklaverei ihr Loos, und sie bekommt anstatt eines Freundes und Lebensgefährten, einen tyrannischen Beherrscher, der sie oft an nichts als an seiner Armuth, seinem Elend Theil nehmen läßt. . . . Wird ihr nun dieser Gatte vom Tod entrissen, so vermehrt sich ihr Elend, da sie durch Erzeugung der Kinder entnervet, mit ihrer Erziehung beladen, sich und die Waisen allein ernähren s o l l, nicht k a n n, und doch m u ß!

Schreck.

Schreckliches, und doch täglich sichtbares Bild! das, nach dem Leben zu schildern, die Kraft jeder Feder übersteigt . . . Allein man muß auch Stein, nicht Mensch seyn, wenn man beym Anblick dieses Bildes gleichgültig bleibt, ohne Wunsch, die Begierde in sich zu fühlen, den festen Vorsatz zu fassen, daß man aus allen seinen Kräften dazu mitwirken wolle, damit diese unmenschliche Gestalt in eine der Menschheit würdige verwandelt, zwar dem allgemeinen Elend und Unheil der ganzen Menschheit, aber vorzüglich des weiblichen Geschlechts, durch weise, zweckmäßige Anstalten abgeholfen, und durch die Beglückung dieser Hälfte die Glückseligkeit des ganzen Menschengeschlechts bewirkt und befördert werde.

Freylich übersteigt die Ausführung dieses Vorhabens die Kräfte des einzelnen Menschen, wäre auch dieser einzelne Mensch der unumschränkte Beherrscher des ganzen Erdballes; aber eben darum ist es auch um so nothwendiger und allerdings pflichtmäßig, daß alle jene, die durch Geburt und Rang, Stand, Vermögen, oder durch vorzügliche Eigenschaften des

Gei=

Geiſtes und Herzens die Kraft, folglich auch
die Pflicht haben, nicht nur ihr eigenes Wohl,
ſondern auch jenes ihrer Mitmenſchen wirkſam
befördern zu können, ihre einzelnen Kräfte ver-
einigen, um das gemeinſchaftlich zu wirken, deſſen
Ausführung die einſeitigen Kräfte des einzelnen
Menſchen überſteigt.

Und ſo eine Geſellſchaft ſcheint der Welt-
ſchöpfer ſelbſt ſchon bey der Erſchaffung des
Menſchen beobachtet, ja gewiſſermaſſen geſtiftet
zu haben; da er jedes Menſchenherz zu jener
Uibereinkunft ſtimmte, die wir noch bey allen
ächten, der Natur und Vernunft treu gebliebe-
nen, das iſt: vernünftigen, tugendhaften Menſchen, in allen Jahrhunderten, bey allen Na-
tionen, in allen Ländern bemerken. Sie ſind
alle, immer und überall nur eines Sinnes, haben
nur Ein Herz, Ein Gefühl des Edlen, Einerlei
Regel des Guten. Noch nie hat ein Tugendhafter irgend einen anderen Tugendhaften ange-
feindet, ihn beleidiget, ihm geſchadet. Das
unauflösliche Naturband, das ſchon die älteſten
Weltweiſen durch das Wort Sympathie bezeich-
neten, ohne es jemals erklären zu können, macht
ſie

sie immer und überall zu gegenseitigen Freunden,
bereit sie Einen gegen den Andern, selbst,
wenn sie sich nur dem Name nach kennen; mit
Hochachtung und Liebe, und zwingt sie unwi-
derstehlich zur gegenseitigen Unterstützung und
Hilfe, so, daß diese Uibereinstimmung guter
Seelen ein bereits zeitlicher Lohn der Tugend
ist, dem alle andere Schätze und Vortheile der
Sinnenwelt, Geburt, Rang, Ansehen u. s. w.
das Gleichgewicht zu halten außer Stand sind.

Wird hingegen irgend ein Mensch der
Natur und Vernunft untreu, das ist, wie
immer böse und lasterhaft, so verliert seine
Seele sogleich die Uibereinstimmung zu wahren
Tugenden, das beglückende Gefühl der Men-
schenliebe wird daraus verscheuchet, und mor-
dender Menschenhaß tritt an ihre Stelle, so,
daß zwischen Boshaften immer und überall ein
immerwährender unauslöschlicher, wenn auch
nicht stets offenbarer, doch geheimer, und eben
darum desto gefährlicherer Haß und Neid herrscht,
der sie selbst im Uiberfluße aller Weltfreuden
unaufhörlich martert, und ihr Daseyn hier
unglücklich macht.

Schon

Schon die Natur hat uns Menschen den
Trieb zur Geselligkeit in's Herz gelegt. Nur
wir allein besitzen ihn unter allen Geschöpfen
der Erde. Unzählig sind die Arten und Wege,
durch die ihn der Mensch bisher zu befriedigen
gesucht hat, und doch noch nie hat befriedigen
können, indem man schwerlich einen einzigen
Menschen aufweisen kann, der nicht zuweilen,
(und zwar gemeiniglich eben zu der Zeit, wo
er sich in den zahlreichesten Gesellschaften befindet,) in seinem Herzen eine gewisse, äusserst
unangenehme Reue fühlte, die blos die Wirkung
des nicht befriedigten Triebes zur Geselligkeit ist.
Unser Trieb zur Geselligkeit hat blos gegenseitige
Glückseligkeit zum Endzweck.

Gehe man nun alle Jahrbücher der Welt
und alle darin befindliche Länder und Völker
durch. Man wird Millionen von verschiedenen
Gesellschaften finden, in die sich das Menschen-
geschlecht vertheilet hat, und die alle vorgeben,
Beförderung des Menschengeschlechts sey der
Endzweck ihres Daseyns. Aber man nenne
nun unter den Millionen verschiedener Gesellschaften nur eine einzige, die all ihre Bestand-

theile

theile in der That glücklich gemacht hätte! Alle Staaten, Religionen, Orden, Stände u. s. w. sind nichts als eben so viele Gesellschaften, die alle Menschenglück im Munde führen, aber selten zur vollkommenen Ausführung gebracht haben.

Daher geschiehet es, daß alle Gesellschaften nach und nach eingehen, und vernichtet: oder dort und da andere errichtet werden, welche der christlichen Religion, und jeder weisen Staatsverfassung näher angemessen sind.

Jeder Tugendhafte fühlt von selbst den Trieb zur Vervollkommung in sich, er wuchert mit Verdiensten, und diese vervielfältigen sich durch nichts so leicht und geschwind, als wenn man an allen Verdiensten aller anderen guten Menschen Theil nehmen kann.

Und es giebt noch Menschen, die es ihnen zur Hauptpflicht machen, daß sie ihren Wirkungskreis zu erweitern, und das Elend ihrer Mitgeschöpfe zu mildern, und endlich gar zu vertilgen suchen.

Nur

Nur Muth, Thätigkeit, eble biedere Seelen! die bisher vernachläßigte Erziehung des weiblichen Geschlechts soll sein Ende erreichen. Die so unerschütterlich scheinenden Festungswerke der Bosheit sollen untergraben, alle ihre Waffen stumpf gemacht werden. Freylich ist ihre Uibermacht groß, aber doch nicht so stark und fest, nicht so kräftig und allwirkend als jene der Tugend, gegen die alle andere Menschengewalt nur Wind und Tand ist.

Die ächte Pflanzschule der Tugend wird nun endlich Früchte tragen; diese Früchten werden bald reif seyn, wir wollen sie brechen. Nur aus ihren Früchten kann man sie erkennen.

Die ächte Pflanzschule der Tugend kennt die Kürze der Zeit und ihren unersetzlichen Werth; sie weiß, daß es für jeden Menschen Pflicht sey, diese kurze Zeit immer so gut anzuwenden, als man sie nur immer, theils zu seinem eigenen, theils zu seiner Mitmenschen Besten anwenden kann; weiß, daß es für Menschen keine angenehmere Beschäftigung gebe, als zum allgemeinen Glück der Menschheit mitzuwirken; weiß,

daß

daß die Natur jedem Menschen den Weg vorge=
zeichnet hat, auf dem er sein irdisches und das
davon abhangende Glück niemal verfehlen kann,
sobald er der ihm von dem Naturschöpfer blos
zu diesem Ende ertheilten Wegweiserin, der
Vernunft, gehorcht; und der in der ächten
Pflanzschule der Tugend befindliche Mensch richtet
daher die Maasregeln seiner Handlungen eben
so einfach und ungekünstelt ein, als jene der
Natur und Vernunft sind.

Auf also, die Ihr immer edel und tu=
gendhaft seyd! Vereiniget eure Kräfte, um der
Menschheit jenes ächte Glück zu verschaffen, das
nur durch gemeinschaftliche Unterstützung erlangt
werden kann. Euer Trieb zur Geselligkeit ist ei=
nes der höchsten Geschenke der Natur, wodurch
sie über das Wesen aller Erdengeschöpfe erha=
bene Würde des Menschen bis zu jener der von
Natur seligen Geister erhöhet hat.

Ihr könnt nicht (wenn ihr auch gleich
Monarchen von halben Welttheilen seyd) aus=
ser irgend einer nicht blos bürgerlichen, sondern
auch moralischen Gesellschaft mit euren einseiti=
gen

gen Kräften alles das Gute bewirken, wozu euch
die Tugend eurer Seele aneifert; und kann
wohl irgend eine Gesellschaft eurer Tugend ange-
messener seyn, als jene der Uibereinstimmung,
in der ihr euch schon von Natur befindet, da
eben diese Uibereinstimmung vom Ursprunge des
Menschengeschlechts das einzige Kennzeichen der
Tugendhaften ist, und bey dem wohlthätigen
Erziehungsinstitut vollkommen werden kann.

Und da es nun einer von den Hauptsä-
tzen der Wahrheit ist, daß die Hauptquelle alles
Menschenglücks in der guten Erziehung, Bildung und Versorgung des weiblichen
Geschlechts besteht, so wollen wir unsren darüber gefaßten Grundplan zur allgemeinen Kenntniß bringen, der so lautet, wie folgt.

Erstes

—o—

Erstes Hauptstück.

Name und Beschaffenheit.

Die Menschenfreunde, die diesen Grundplan entworfen, haben durch einhellige Uibereinstimmung, welche sich zur bessern Erziehung, Bildung und Versorgung 48 armen Mädchen von adelichen : bürgerlichen ; und Bauernstand widmen, wie gleich am Titelblatt zu ersehen, den Namen wohlthätiges Erziehungsinstitut in Bayern beygelegt, welchen sie auch für immer beybehalten, und unter diesem Namen alles verstanden wird, oder zum besten der leidenden Menschheit ausführen werden.

Es ist daher dieses wohlthätige Erziehungsinstitut von edlen rechtschaffenen Menschen entstanden, die sich blos zu dem Ende verbindlich gemacht, damit durch die gemeinschaftlichen Kräfte aller Bestandtheile das bisher äusserst vernachlässigte und förmlich unterdrückte, besonders

—, ders

ers erarmte weibliche Geschlecht durch eine gleichformige, gut und zweckmäſſig eingerichtete Erziehung und Bildung in ihre natürliche Gerechtſame wieder eingeſetzt, der Menſchheit ſchicklicher gemacht, und durch beſtmöglichſte Verſorgungs-Anſtalten von ſeinem bisherigen Jammer und Elend befreyet werde.

Zweytes Hauptſtück.

Hilfsquellen.

§. 1.

Alle gute Anſtalten, ſie mögen ſo erhaben und gemeinnützig ſeyn wie ſie wollen, gehören unter die frommen Wünſche, wenn nicht dabey die erſte Urquelle der Dauerhaftigkeit, nämlich die hinlänglichen Mittel ausfindig gemacht, und feſtgeſetzt werden.

Die Beſtandtheile dieſes Inſtituts haben ſich ſeit mehreren Jahren alle Mühe gegeben,

B   dieſen

—o—

diesen erſten Grundpfeiler des wohlthätigen Erziehungsinſtituts zu ſetzen. Man hat Plane zu
Leibrenten, Tontinen, Verſorgungskaſ-
ſen, Beyträge, und wie dergleichen immer
heißen mögen, entworfen, auch zu dieſem Ende
ſchon viel baares Geld verwendet. Allein man
konnte zu dem ausgeſteckten Ziel nicht gelangen,
weil die vorgefaßten Entwürfe auszuführen vielen Schwierigkeiten unterworfen war, — auf
bloßes Ungefähr nicht jeder ſein Geld hingeben
wollte, ohne gewiß zu ſeyn, daß ſeine Auslage
den gewünſchten Endzweck erreiche, — die
wirklich mit groſſen Köſten dort und da getrof-
fene Erziehungsanſtalten nicht zur Wirklichkeit
kommen konnten, da viele Mitglieder durch den
bekannten Stifter des ſogenannten Roſenor-
dens, Roſeninſtituts, Damengeſellſchaft
u. ſ. w. abgeſchreckt worden ſind, der guten Sache
getreu zu bleiben.

Man hat daher den gemeinſchaftlichen
Schluß gefaßt, ſich ſoviel Realitäten anzukau-
fen, welche hinreichen, dermal 48 arme Mädchen
erziehen, verſorgen, und die nöthigen Lehrerinnen unterhalten zu können.

Der

Der endesgesetzte Bevollmächtigte er-
hielt also den Auftrag, und wurde zugleich seiner Einsicht, Kenntniß, dann geprüft- und er-
probter Rechtschaffenheit alles überlassen, sich
um dergleichen Realitäten zu bewerben.

§. 2.

Es wurde bekannt: daß Seine Excel-
lenz der Hochwohlgebohrne Herr Joseph
Maria Reichsfreyherr von und zu Weichs,
Herr der Herrschaft Falckenfels, Alscha,
Riemannsdorf, Loizendorf, Ratiszel,
Schaldorf, Langengeisling und Mosdorf,
Seiner Churfürstl. Durchlaucht zu Pfalzbayern rc. Kammerer, wirklich geheimer
Rath, Vicedom und Regierungspräsident
zu Straubing, Erblandrichter zu Stadt
am Hof, Forst Inspektor zu Sallern und
Zeitlarn, des hohen Militair-Ritteror-
den des heiligen Georgen Ritter, gemei-
ner löblichen Landschaft in Bayern
Landsteurer Rentamts München, des
reichsfürstlichen Domstifts Freysing Erb-
kämmerer, Ihre Herrschaften Falckenfels,

Alscha

Alscha, und Ratieszell zu verkaufen gedenken,
und schon mit mehrern Titel Herrn Kaufsliebhabern in Unterhandlung getreten sind.

Wie nun bey Hochselben unser Bevollmächtigte seine Kaufsluft zur bereits bekannten Absicht ebenfalls zu erkennen gab, brachen
Seine Exzellenz Reichsfreyherr von Weichs,
mit all anderen Kaufsliebhabern ab, und traten
mit unserm Bevollmächtigten mit der öftern
biederen und edlen Aeusserung in die thätigste
Unterhandlung, daß Sie sich diese Gelegenheit
schon längstens gewünschet — das unbeschreibliche
Elend armer Mädchen gefühlt, und die hieraus
entspringende üble Folgen für das ganze Men-
schengeschlecht in Ueberlegung genommen haben.
Sie werden nicht nur zum Besten des wohlthätigen Erziehungsinstituts gemeinschaftlich mitwirken, sondern auch nach Kräften unterstützen,
und dadurch Menschenglück befördern helfen.

§. 3.

Nachdem sich nun unser Bevollmächtigte
vor allen die Güteranschläge — über die bereits
gehabte

gehabte Kenntniß auch eine Local-Einsicht erbeten, und erhalten, dann alles unwiderleglich richtig, und der Wahrheit vollkommen zu seyn gefunden, so wurden mit Titl. Reichsgrafen von Weichs Exzellenz folgende Kaufspunkte mit unserer Beangnehmung, beschloſſen.

Erſtens wollen mit Seiner churfürſtlichen Durchlaucht zu Pfalzbayern ꝛc. ꝛc. gnädigſterErlaubniß, Titl Reichsfreyherrn von Weichs, Ihre Herrſchaften Falckenfels, Alſcha, und Ratiszell mit allen Grund- und Vogtherrlichen Gerechtſamen ohne alle Ausnahme, wie alles in den beyfolgenden am Ende beygebundenen Güteranſchlag, und 22 Beylagen umſtändlich enthalten, zwar um 400000 fl. dem wohlthätigen Erziehungs-Inſtitut in Bayern abtreten, jedoch damit die von Seiner Churfürſtlichen Durchlaucht erſt vor zwey Jahren mildeſt- und huldreicheſt errichtete Militair-Akademie in München, oder der neue deutſche Schulfond, welches höchſtgedacht Seine Churfürſtliche Durchlaucht gnädigſten Beſtimmung überlaſſen wird, von dieſem gemeinnützlichen Inſtitut Antheil und Nutzen

ziehe,

ziehe, für selbe gegen die billigsten Bedingnisse, 20000 fl. baar abziehen lassen, so, daß der ganze Kaufschilling nur mehr in 380000 fl. besteht, welcher Akkordmäßig baar und richtig abgeführt werden muß; wie aber die Abzahlung und auf welche Art geschehen kann und wird, das wird der guten und vortheilhaften Anordnung aller Bestandtheile des wohlthätigen Erziehungsinstituts überlassen.

Zweytens wollen Titl. Reichsfreyherr von Weichs, zu besserer Erleichterung des Instituts, die zu Michaeli, wo die Güter abgetreten werden, verfallende beständige Grundgeld, Felder, Zehent, Stift, Scharwerkgelder, Getreid, Küchen- und Schmalzdienst, dann den damaligen Stand ganz und unverrückt als eine Schankung, welche über die 5000 fl. beträgt, darein geben, und in Rücksicht dieser und vorstehender baaren Geldabzüge alle Theilnehmer, Menschenfreunde und Kenner, selbst auch die Einsicht der Güteranschläge, und auf die am Ende nachgetragenen unentgeltlichen beträchtlichen Dareingaben anweisen, und denselben wohl zu erwäüberlassen, welchen grossen Werth das
wohl

wohlthätige Erziehungsinstitut erhält, da es in
Wahrheit nicht zuviel ist, wenn man alle Real-
und Materialdareingaben auf 250000 fl. tarirt,
und bey dieser wohlthätigen Anstalt um so mehr
in Betrachtung gezogen werden muß, als sie
bey nicht verhandenen Gebäuden, auf diese allein
schon die Summa von 250000 fl. verwenden
müßte, folglich durch die Eingaben mit Zusetzung
der Kaufssumme einen reinen und zuverläßigen
Werth zu 275000 fl. überkömmt, oder besser,
schon bey ihrer ersten öffentlichen Entstehung an
Realitäten und Geld 655000 fl. gewinnt, ohne
zu berechnen, daß durch bessere Einrichtung,
noch sehr beträchtliche Summen gewonnen werden können und müssen.

Drittens haben es sich die Bestandtheile
dieser wohlthätigen Erziehungsanstalt, zur ersten
Obliegenheit gemacht, gegenwärtigen Grundplan und Kaufspunkte Seiner Churfürstlichen
Durchlaucht zu Pfalzbayern 2c. 2c. den
gnädigsten Bestättigungswillen unterthänigst vor-
zutragen, (wie schon in der Vorrede auch enthalten,) und zugleich gehorsamst zu bitten, daß
dieses Kaufs halb dem wohlthätigen Erziehungsinstitut

institut die Edelmannsfreyheit gnädigst ertheilet werden möchte, um eines theils die Wirkung dieser gemeinnützlichen Anstalt zu befördern, und anderntheils alle Anstände, Prozesse und Irrungen zu entfernen, welche diese Anstalt erschweren, oder wohl gar rückgängig machen könnten. Man setzt daher die unterthänigste Hoffnung auf das weltbekannte, zum Besten der leidenden Menschheit gebohrne Vaterherz Seiner Churfürstlichen Durchlaucht; Höchstdieselben werden gnädigst geruhen, diesem Gesuch huldreichest zu entsprechen, da dadurch nichts anders erzielet wird, als erarmte Mädchen zu nützlichen Gliedern des Staats zu bilden, all nur immer erdenkliche Laster, welche diese Gattung unserer Mitmenschen oft auch aus Noth ergreifen mußten, vergessend zu machen.

Haben höchstgedacht Seine Churfürstlichen Durchlaucht, während Ihrer glorreichen Regierung die preiswürdigsten Anstalten, zu besserer Versorgung armer Mitmenschen, getrofen, warum sollte das wohlthätige Erziehungsinstitut in Bayern eine Ausnahme davon seyn?

Vier-

Viertens daß man durch Ankaufung dieser Realitäten aus keiner andern Absicht eine angenehme Landgegend gewählt, als um auch der weiblichen Jugend, die so nothwendigen praktische Kenntniße von der Oekonomie beyzubringen, wovon der im eilften Hauptstück vorgetragene Unterricht in der Haushaltungskunst das mehrere an die Hand giebt.

§. 4.

Nun der Vorhang zur guten Sache ist aufgezogen! Es kömmt nur darauf an, wie sie in ihrem Wirkungskreis vollkommen gemacht werde.

Sind **Lotterien, Leibrenten** u. d. g. Finanzoperationen der Staatsmänner, so glaubt man, daß es allerdings thunlich und möglich sey, wenn eine hinreichende Anzahl Menschenfreunde den ersagten Kaufschilling durch Kaufloose einzubekommen trachtet, weil dadurch nur Menschenelend verhindert, und jedem Staat, werin die Bestandtheile des wohlthätigen Erziehungsinstituts wohnen, ungemeinerw, und ersehbarer Nutzen verschaft wird, wo im Gegentheil durch Lotterien nur einzelne Menschen gewinnen,

und

und dem tausend nach elende Menschen noch elender gemacht und zu Grunde gerichtet werden.

Es sind zwar schon einige Bestandtheile für dieses wohlthätige Erziehungs- Bildungs- und Versorgungsinstitut, einverleibt. Allein da zu Einbekommung einer so grossen Summe eine viel zu grössere Anzahl tugendhafter Menschen- freunde erfordert wird, um auch durch gemein- schaftliche Kräften den weiten Umfang dieser Anstalt zu begründen; so hat man sich einver- standen durch Loose jedes zu 3 fl. diese Summe zusammenzubringen, wozu 140000 Pränumeran- ten erfordert werden, mit der wohl merklichen Betrachtung, daß eine Summe von 3 fl. jeder- mann von geringem, man will nicht sagen von mittelmäßigem Vermögen und Einkommen, ent- rathen kann, weil diese nur einmal und nicht öfters bezahlt wird, dagegen jedes Mitglied oder Theilnehmer die Vortheile und Nutzen hat, im Fall einer Erarmung für sich und ihre Kin- der auf Unterstützung und Hilfe, wie weiter unten gezeigt wird, Anspruch zu machen.

§. 5.

§. 5.

Durch 140000 Kaufloose, jedes zu 3 fl. kömmt für das Erziehungsinstitut eine Summe von 420000 fl. heraus.

Hieran zahlt dieses an Tlt. Herrn Verkäufer   380000 fl.

Der Churfürstlichen Militairakademie, oder dem deutschen Schulfond, wie es nämlich Seine Churfürstliche Durchlaucht gnädigst verordnen wollen, werden hinübergegeben
                                        20000 fl.

Und das wohlthätige Erziehungsinstitut erhält zur nothwendigen Einrichtung
                                        20000 fl.

Wodurch die Einnahme der 420000 fl. ausgezeigt ist.

§. 6.

Aus dem, was bisher gesagt worden, wird nun leicht einzusehen seyn, daß 140000
                                        Kauf

Kauflooſe in den Pfalzbayeriſchen Staaten wohl
fuͤglich untergebracht, und der ganze Endzweck
ohne fremder Beyhilſe erzielet werden kann.

Nachdem aber das Elend armer Maͤb-
chen faſt in ganz Europa einerlei Schickſal unterworfen, ſo wuͤrde es unbillig ſeyn, dieſfalls
eine Einſchraͤnkung zu machen; denn gleichwie
jeder, weſſen Stand und Religion er nur
immer ſey, an dieſem wohlthaͤtigen Inſtitut
Antheil nehmen, und ein, oder mehrere Kaufslooſe an ſich bringen kann, alſo auch folgt die
Billigkeit ſelbſt, daß von der thaͤtigen Hilfe
Niemand ausgeſchloſſen ſeyn koͤnne.

§. 7.

Sobald gegenwaͤrtiger Grundplan, oder
das wohlthaͤtige Erziehungsinſtitut durch den
Druck bekannt wird, eben zu gleicher Zeit faͤngt
auch der Praͤnumerationstermin an, und dauert
bis Ende des Monats 1793zigſten Jahres, inner
welcher Zeit wieder ohne Anſehen des Standes
und Religion frei ſtehet, zu praͤnumeriren, nach
Verfluß dieſer Zeit aber wird Niemand mehr

zuge-

zugelaſſen, oder Kaufslooſe abgegeben, wenn
auch für jedes der Betrag drei und vierfach
bezahlt werden wollte, und dies blos darum,
weil wahre Nächſtenliebe in Rückſicht des Hilf-
loſen, ſchleunig und wahrhaft ausgeübt werden
muß, und allzuweite und langſame Ausdehnung
oft der beſten und vollkommenſten Sache, den
Stoß geben.

§. 8.

Wer ſich nun dieſem Erziehungsinſtitut
einzuverleiben und zu Pränumeriren: folgbar aller
Vortheile ſich theilhaftig zumachen gedenkt, der
ſchickt an Titl. Herrn Lorenz Greitterer,
J. U. Licent. reichsgräflich Haßlangiſchen
Güter Adminiſtrator in München, folgen-
des Kaufloosabnahms Certificat franco ein.

§. 9.

Ich Endesunterſchriebener pränu-
merire zum Beſten des wohlthätigen
Erziehungsinſtituts in Bayern auf eine
(oder mehrere) Kaufloos, und überſende

den

den Geldbetrag in Reichswährung mit N. fl., worüber ich über den Empfang Bescheinung gewärtige, und in die Klasse der Theilnehmenden (oder Mitwirkenden) einverleibt zu werden wünsche.

Wohnort, Tag und Jahr.

(L.S.)   N. N.

§. 10.

Die einlaufende Kauflooßabnahms-Certificata werden von obigem Titl. Herrn Administrator Greitterer, den N. Monatstag N. anno — der Geldbetrag mit N. fl. richtig erlegt worden, unterschrieben, numerirt, und alle acht Tag dem Institutsanwald unter der Aufschrift zugesendet:

Zum
Löblichen Hofmarktsgericht Satlbeilstein und Tragenschwand zu liefern
über Regensburg.

Kamm.

Satlbeilstein.

§. 11.

Die Gelder aber hat Herr Administrator Greitterer, den Titl. Herrn Gebrüder Nother in München, gegen doppelter Quittung zu erlegen, wovon das Original dem Institutsanwald unter obiger Aufschrift zugeschickt wird, das Duplicat hingegen in Handen Herrn Greitterer verbleibt, weil sämmtliche Gelder so lang bey den Titl. Herrn Gebrüder Nother zur Sicherheit aller Herren Pränumeranten liegen gelassen werden, bis solche zu Berichtigung des Kaufschillings Contraktmäßig herauszubezahlen kommen.

§. 12.

Sobald obige Kaufloosabnahms-Certificata mit der Quittung von den Titl. Herrn Gebrüder in München, bey dem Institutkanwald einlaufen, so werden die Titl. Herren Pränumeranten in das Pränumerationsprotokoll, wie sie vom Titl. Herrn Administrator Greitterer, fortlaufend numerirt werden, nicht nur

ein je.

eingetragen, sondern auch jedem Herrn Pränumeranten, deswegen sie ihre Addresse in dem
Abnahms - Certificat allzeit richtig beyzusetzen
ersucht werden, nachstehendes Kauflovs zugeschickt.

Pränumerations-Numer.

Daß (P. T.) ein (oder mehrere)
Kauflovs durch Pränumeration, zu Errichtung des wohlthätigen Erziehungsinstituts in Bayern, heute an sich gebracht,
den Geldbetrag in Reichswährung mit
27. Gulden baar eingesendet, und durch
Herrn Administrator Greitterer, bey
den Banquiers Titl. Herrn Gebrüder
Nother in München hinterlegt: dann
dadurch aller Rechte und Vortheile des
Instituts, wie sie durch den in Truck
gelegten Grundplan bekannt gemacht
worden sind, theilhaftig gemacht hat,
folglich als ein Bestandtheil des Ganzen
in die Klasse der Theilnehmenden, (oder
Mitwirkenden) an, und aufgenommen
wor-

worden; dieſes hiemit wird bekräftiget.
Geſchehen Wohnort, Monat, Tag, und
Jahr.

(L.S.)

Wohlthätiges Erziehungsinſtitut zu
Falckenfels in Bayern.

(L.S)　　　　　N. N.

§. 13.

Damit aber jede Correſpondenz befördert,
unnöthiger Koſten erſparrt, und die Titl. Herren
Pränumeranten nach Möglichkeit bedient werden; ſo wird denſelben ſelbſt einleuchten, daß
die ganze Beſchleunigung dadurch erleichtert
wird, wenn die Titl. Herren Pränumeranten,
welches, wie hinnach im ſechſten Hauptſtück
1. §. zu erſehen, geſchehen könnte, z. B. zu
Mannheim, Landshut, Straubing,
Burghauſen, Ingolſtadt, Amberg, Neu-
burg, Sulzbach, Freyſing, Regensburg,
Paßau, Linz, Wien, Salzburg, Inn-

C　　　ſpruck,

fprucf, Conſtanz, Ulm, Augsburg, Eich-
ſtett, Nürnberg, Bamberg, Bayreuth
u. ſ. w. die Lokalvorſteher, oder jemand andern
vertrauten jeden Orts erwählen, die Kaufloosabnahms - Certificata ſammt dem Geldbetrag
ſelben erlegen : dieſe in eine doppelte Anzeige
bringen, und dem Adminiſtrator Herrn Greitterer nach München ſenden würden, indem der-
ſelbe eine Anzeige des richtigen Empfangs halb
ſogleich wieder remittiren, die zwote Anzeige
hingegen dem Inſtitutsanwald zuſchicken : und
dieſer hiernach ſämmtliche Kauflooſe in einem
Einſchluß an die Behörden wieder eben ſo ſchleunig übermachen könnte.

§. 14.

Eben auf vorſtehende Weiſe die Angele-
genheiten des Inſtituts noch ſchleuniger und
ſicherer zu vollenden, werden Seine hochfürſt-
liche Durchlaucht von Thurn und Taxis,
als General - Reichs - Erbpoſtmeiſter ge-
horſamſt gebeten, Höchſtihren untergebenen
Poſtämtern gnädigſt aufzutragen, daß dieſe,
die das Inſtitut betrefende Brieſſchaften und

Gelder

Gelder niemals liegen laſſen, ſondern ſo ſchleunig als möglich zu expediren trachten; zu dem
Ende auf jeder Aufſchrift zu ſetzen iſt. Erziehungsinſtitut in Bayern, franco.

§. 15.

Sind nun auf vorgeſchriebene Weiſe die
140000 Kaufloſe untergebracht, und die abwer-
ſenden Gelder beyſammen, ſo geſchieht auch die
ordentliche Ausantwortung der Güter, und das
wohlthätige Erziehungsinſtitut in Bayern hat
ſein Daſeyn erlangt, und fängt darauf vollkommen zu wirken an, wie hienach weiters wird gezeigt werden.

Drittes Hauptſtück.

Beſtandtheile.

§. 1.

Das wohlthätige Erziehungsinſtitut iſt ihrer
Weſentlichkeit nach blos ein eigenes Da-
menſtift, ſo daß ſie zu ihren Beſtandtheilen auch

C 2 nichts

nichts als blos Frauenzimmer haben würde,
wenn diese in der dermaligen Lage der Welt nicht
theils durch vernachläſſigte Erziehung und Bildung, theils durch den ſklaviſchen Zwang, in
welchem ſie allerorts leben müſſen, auſſer Stand
geſetzt wären, Werke von Wichtigkeit eigen-
mächtig zu unternehmen, und auszuführen.

Diesemnach iſt die Mitwirkung des männlichen Geſchlechts zu dem erhabenen Endzweck des
Inſtituts von unumgänglicher Nothwendigkeit,
ſo, daß dieſe aus gemeinſchaftlichen Kräften
entſtehende Stiftung beyde Geſchlechter in ſich
enthält.

§. 2.

Doch iſt der Wirkungskreis eines jeden
Geſchlechts darinn weſentlich unterſchieden, daß
das männliche Geſchlecht daran nur in ſoferne
Antheil nimmt, als deſſen Mitwirkung dazu erfordert wird, um bey dieſem ſo wichtigen Ge-
ſchäfte dem andern Geſchlechte durch Einſicht
Kenntniſſe und Fähigkeit des Karakters mit Rath
und That nach Bewandtniß der Vorfälle an die
Hand zu gehen.

§. 3.

§. 3.

Eben dieſe Lage der Umſtände hat es zur unumgänglichen Nothwendigkeit gemacht, daß die Beſtandtheile des wohlthätigen Erziehungs-Inſtituts in zwey Hauptklaſſen abgeſondert werden muſten, als nämlich:

Erſtens: in die Klaſſe der Theilneh-menden, und

Zweitens: in die Klaſſe der Mitwir-kenden. Von beiden ſoll insbeſondere gehandelt werden, um die Beſchaffenheit beyder deutlich und allgemein verſtändlich zu machen.

Viertes Hauptſtück.

Klaſſe der Theilnehmenden.

§. 1.

In dieſe gehören alle jene, welche nicht die Mittel gehabt haben, Kaufsloſe zum Be-ſten des Inſtituts an ſich zu bringen, oder dieſe

sind

sind schon vergriffen gewesen, ehe ihnen diese Erziehungsanstalt bekannt geworden, und dennoch
ein Verlangen tragen, an diesem gemeinnützigen
wohlthätigen Werk Antheil zu nehmen; zu dem
Ende sie sich erklären, auf welche Art und Weise
sie dem Institut nützlich seyn wollen.

§. 2.

Alle jene, die gemäß des ausgestellten
Pränummerationsscheins in diese Klasse ange-
nommen zu werden ausdrücklich verlangt haben,
oder jene, die ohne eigentliche Mitglieder dieser Gesellschaft entweder seyn zu können oder
seyn zu wollen, doch entweder durch freywillige Geldbeyträge, Unterstützung, Beförderung,
sowohl an dem Werke selbst, als an den daraus entstehenden Verdiensten, und (in so weit
sie es etwa schon bedürftig sind, oder in der Fol-
gezeit bedürftig seyn könnten) Hilfsleistungen
Theil zu nehmen wünschen, ohne doch entweder ein Verlangen zu tragen, sich jenen Pflichten zu unterwerfen, die jene Mitglieder beob-
achten müssen, welche aus heftigem, wirksamen
Antrieb zur Tugend und ihren Verdiensten sich

an-

anheischig gemacht haben, mitwirkende Bestandtheile des wohlthätigen Erziehungsinstituts
zu seyn.

§. 3.

Alle jene, welche außer denen Kaufsloo-
sen, dem wohlthätigen Erziehungsinstitut son-
derbare Hilfsleistungen, Vortheile, Kenntnisse,
u. s. w. erweisen, daß dasselbe Dank hiefür schuldig zu seyn erkennt, und eine schriftliche Aufnahme in die Klasse der Theilnehmenden ertheilt.

§. 4.

Damit aber die Klassen der Theilnehmenden einsehen, welche Vortheile ihnen zufließen, so wird bekannt gemacht, daß sie bey allen Anstalten Wohlthaten, und Vertheilungen des
Instituts für sich und ihre Kinder den Vorzug
vor jenen haben, die es nicht sind. Z. B. es
wird eine Pension vertheilt, mehrere melden sich
darum, befindet sich unter diesen ein Theilneh-
mender oder sein Kind, so haben diese den Vorzug vor jenen, die dieser Klasse nicht einverleibt sind.

§. 5.

§. 5.

Man sieht hieraus, daß jene, die sich in dieser Klasse befinden, für wirkliche Bestandtheile und wirkende Mitglieder des wohlthätigen Erziehungsinstituts nicht angesehen werden, weil sie auch keiner Pflicht derselben unterworfen sind.

§. 6.

Erhellet aus der beschriebenen Beschaffenheit dieser Klasse, daß bey der Aufnahme in diese keine Auswahl geschehen könne, sondern daß jedem Menschen ohne Ausnahme, er mag demnach weßen Standes, Religion, oder Karakters seyn, der Zutritt in diese Klasse frey stehen müsse, indem man es Niemanden verbieten kann und darf, wenn er an guten Werken Theil nehmen will.

Fünf-

Fünftes Hauptstück.

Klasse der Mitwirkenden.

§. 1.

Ob zwar all jene, welche ein oder mehrere
Kanslloose an sich gebrachte, durch die im
zweyten Hauptstück § 12. enthaltene An=und Auf=
nahms=Certificata selbst als wirkende Mitglie=
der erklärt, und von dem wohlthätigen Erzie=
hungsinstitut also erkennet werden, weil sie sich
dadurch alle Rechte und Vortheile eigen gemacht
haben; so kann doch die Hauptklasse der Mit=
wirkenden nur in jenen bestehen, die nach den
von der Uibereinstimmung getrofenen Maaßregeln
die bessere Erziehung, Bildung und Versorgung
des armen weiblichen Geschlechts immer und
überall mit gemeinschaftlichen Kräften bewirken.

Diese werden als eine blos aus bewähr=
ten Menschen bestehende Gesellschaft angesehen;
aus Menschen, die nach reif überlegten Grund=
sätzen und aus Uiberzeugung handeln, folglich

in

in ihren Entſchlieſſungen unveränderlich ſind;
aus Menſchen, die mit der ächten Tugend
bekannt, und unfähig, ihr jemals untreu zu
werden, Einen Sinn, Ein Herz, Ein Gefühl des Edlen, Einerlei Regel des Guten haben. Es werden demnach alle Mitglieder
gebührends erſucht, bey Ausſtellung ihrer Kauf-
loosabnahms-Certificaten dieſe ihre als mitwirkende Glieder übernehmende Obliegenheiten
wohl zu überlegen, wenn ſie ihren Wunſch äuſſern in die Klaſſe der Mitwirkenden aufgenommen zu werden, weil nach Inhalt folgender
Paragraphen ſonſt demnach eine Ausſchlieſſung
erfolgen könnte.

§. 2.

Aus der Klaſſe der Mitwirkenden ſind
alſo ausgeſchloſſen alle und jede, die ſich nicht
zur chriſtlichen Religion bekennen, oder in
Schriften und Reden ſolche Geſinnungen und
Grundſätze äuſſern, die der Lehre des Chriſten-
thums zuwider ſind. Freylich iſt eben das
Chriſtenthum die einzige unter den herrſchenden
Religionen der Welt, die ihren Glaubensgenoſ-
nen

nen die Toleranz und brüderliche Duldsamkeit
gegen alle nur erdenkliche Religionsgenossen zur
strengsten Pflicht macht, und diese Pflicht wird
von dem wohlthätigen Erziehungsinstitut mit der
größten Genauigkeit ausgeübt, da sie allen Religionen die sehr wichtigen Vortheile der Theilnehmenden Klasse zufließen läßt; allein den
Eintritt in jene der Mitwirkenden kann sie
blos darum Niemand andern, als der sich zur
christlichen Religion bekennet, gestatten, weil sie
dadurch in Gefahr gebracht würde, ihre Haupt-
eigenschaft, die Einheit der Gesinnungen und
Grundsätze zu verlieren.

§. 3.

Weiters sind ausgeschlossen, die irgend
ein was immer für Namen habendes, und wie immer geringes Staatsverbrechen jemals begangen
haben.

Die mitwirkenden Glieder müssen gute
Christen und gute Staatsbürger seyn. Der
Mangel an einem oder dem andern schließt nicht
nur vom Eintritte aus, sondern zwingt zum

Aus-

Austritte, wenn man es eher nicht erfahren
kann.

§. 4.

Nur die im strengsten Sinne des Wor-
tes sind ächte Mitglieder der wirkenden Klasse
als Vorgesetzte des wohlthätigen Erziehungsinstituts zu betrachten, die die Werkzeuge dieser der allgemeinen verehrungswürdigen Anstalt,
die die Einzigen sind, welchen das Verdienst der
Ausführung dieses erhabenen Werkes eigen ist.

Sechstes Hauptstück.

Vorstand.

§. 1.

Damit nun die sämentlichen Glieder der Klasse der Wirkenden von allem Unterricht,
Einsicht und Kentniß erhalten, wie das wohlthätige Erziehungsinstitut anfange, was vor-
gehet, und wie alles ausgeführt wird; So
erwählen diese in jedem Land, und deren Städ-
ten,

teit, wo sie wohnen gleich mitAnfang des Prä-
numerationstermins, der zu Verlassung der
Kaufloose gesetzt worden, oder wenigst doch noch
früher, ehe dieser ausläuft, ihren eigenen Localvorstand, welcher in 2. Damen, und 1.
Herrn von Scharfsinn, Einsicht und geprüfter
Rechtschaffenheit, bestehet.

Der Localvorstand bringt alsdenn seine
Mitglieder jenes Landes, welchem er für das
Institut vorstehet, in 2. Anzeigen: in die erste
die Glieder der Theilnehmenden; und in die
zweyte jene der wirkenden Klasse, sezt einen
Tag an, auf welchen er alle Mitglieder seines
Bezirkes entweder persönlich, oder nach Beschaffenheit der Entlegenheit schriftlich einberuft.
Bey den dermaligen Critischen Zeiten werden die
erwählten Vorstände selbst drauf sehen, daß keine Zusammenkunst ohne vorläufiges Vorwissen
jeden Orts hohen Obrigkeit geschehe, und derselben frey gestellt werde, dabey zu erscheinen, weil ausser dessen schief denkende Menschen wohl gar einen Klubb folgern konnten, der
doch von dem Institut verabscheuet wird, und
macht ihnen zu wissen, daß weiters 2 Damen
und

—o—

und 1 Herr erwählt werden müssen, die Muth
und Kräfte besizen alles auszuführen, was den
Grundgesetzen des Instituts gemäß ist, folglich
bewährt erfunden werden, sie als wahlfähige
Glieder des Senats vorschlagen zu können.

§. 2.

Nach Vollendung der Wahl schickt der
Localvorstand die Nämen der zu Erwählung des
Senats vorzüglich fähig erfundenen Mitglieder
von der wirkenden Klasse, neben den 2. einzigen der gesammt theilnehmenden und wirkenden
Mitgliedern, an den Bevollmächtigten un-
gesäumt ein, welches längstens bis Ende Herbstmonats 1793. geschehen muß, damit die
Anordnung zur Wahl des Senats vorbereitet
werden könne.

§. 3.

Der Wahltag zu Erwählung des Senats
wird in den öffentlichen Zeitungen bekannt gemacht, und gehet im Schloß Falckenfels auf dem
verhandenen Saale vor sich. Der Bevollmächtigte

tigte giebt daher zufolge seines Auftrages allen
Mitgliedern, welche als Senats wahlfähig erkie-
sen worden, schleunige Nachricht, und ersucht
sie, daß sie am bestimmten Tag im Schloße
Falkenfels persönlich erscheinen, und das erste
wichtige Geschäft — welches gewiß die Wahl
eines Senats ist, zum besten des wohlthätigen
Erziehungsinstituts, vollenden möchten. Sollte
aber wider Verhoffen ein oder anderes zu Erwählung des Instituts-Senat, erkiesenes wahl-
fähiges Mitglied wichtiger Ursachen wegen verhindert seyn, bey diesem Hauptvorgang erscheinen zu können, so wird in diesem Fall die Stimme schriftlich an den Bevollmächtigten über-
schickt, und darin umständlich ausgedrückt, diese oder jene Dame, dieser oder jener Herr von
den Mitgliedern wirkender Klasse, wird für die
würdigste oder für den würdigsten als Glieder
des Senats vorgeschlagen.

§. 4.

Der Senat besteht aus 7 Damen und
5 Herrn, also in 12 Personen. Ist nun die
Wahl einstimmig, und nach Ordnung vorbey,

so

—o—

so wird diese mit Benammſung der 12 Senatsglieder Seiner Churfürſtl. Durchlaucht zu
Pfalz-Bayern ꝛc. ꝛc. der gnädigſten Beſtät-
tigung Willen unterthänigſt eingeſchickt, und
wie dieſe erfolgt, fängt auch die Authorität
des Senats und die vollkommene Wirkung des
wohlthätigen Inſtituts an.

§. 5.

Der Senat hat dieſemnach das Recht
im Namen aller Mitglieder, alles in Ordnung
zu bringen, was nur immer zum beſten des
wohlthätigen Erziehungsinſtituts erzielt werden
mag. Er trägt genaue und fleißige Auf-
ſicht auf die Adminiſtration der Juſtiz, Poli-
zey und Wirthſchaft, handelt in allen Vorfallenheiten dieſer 3 Gegenſtände, genau nach denen
Pfalzbayeriſchen Landesgeſetzen und Generalien,
erwählt eine Vorſteherin, und eine Sekretärin, nimmt aber allzeit in Betracht dieſer 2
Damen Rückſicht auf eine adelich arme Wittwe oder Fräulein, wenn ſie die nöthigen Kenntniſſe, Fähigkeiten und feſten Karakter beſitzen,
daß Tugend und Rechtſchaffenheit, Edelmuth
und

und Beständigkeit von ihnen schon erprobt sind , oder sich diese gute Eigenschaften wenigstens mit Zuversicht hoffen lassen. Zeigt der Vorsteherin, Sekretärin, und den Lehrerinnen einen mäßigen, doch ihren vielen Mühewalt = und Verrichtungen angemessenen Jahrgehalt und anständige Wohnung aus. , Besorgt nach Vorschrift dieses Grundplans die Aufnahme 48 armer Mädchens von Adel = Bürger = und Bauernstande. Trift Anordnung und Einrichtung für deren Bildung, Unterhaltung und Versorgung. Nimmt den Beamten und die Dienerschaft auf, und entläßt dieselben, wenn es wichtige und begründete Ursachen nothwendig machen.

Kurz! der Senat beobachtet im strengsten Verstand alle Pflichten eines weisen und klugen Hausvaters, was dieser nämlich nur immer für seine Familie gutes und ersprießliches ausüben könne, widrigenfalls er aber den sämmtlichen Gliedern der mitwirkenden Klasse sich verantwortlich macht.

D   §. 6.

§. 6.

Alle Jahr am Michaelstag versammelt sich der Senat in dem Erziehungsinstituts Schloß Falckenfels, und ersetzt:

Erstens: Durch eine Wahl den Abgang eines oder mehr Senatsglieder, wenn ihm durch Todfall eines entrissen worden wäre, berichtet den Ersatz der Wahl Seiner Churfürstlichen Durchlaucht, und bittet um gnädigste Bestättigung.

Zweytens: Untersucht er alle Einrichtung, Anordnung, Lehr- und Wirthschaftsgegenstände, Fortgang und Aufnahm des wohlthätigen Instituts, ob alles dem Grundplan gemäß genau und richtig beobachtet, und ausgeführt worden.

Drittens: Untersucht er alle Beschwerden der Vorsteherin, Sekretärin, Lehrerinnen, Zöglinginnen, Beamten und Diener, wie diese immer gegen einander vorgebracht werden könnten;

ten; und hülft diesen durch kluge Verordnungen, Geschäfte und Befehle ab.

Viertens: Wenn es nothwendig oder nützlich erfunden wird, macht er dem Grundplan angemessene Verbesserungen, damit das Institut immer gemeinnützlicher ausgebreitet werde.

Fünftens: Durchgehet er alle Rechnungen der Vorsteherin sowohl, als des Beamtens, welche über alle Einnahmen und Ausgaben gepflogen worden, die allemal am Michaelstag, als ordentlichen Rechnungsschluß, übergeben seyn müssen. Macht nach billigen Befund Aussätze, und ertheilt hierüber das Absolutorium.

Sechstens: Läßt er aus den Rechnungen durch alle Rubriken einen summarischen Auszug verfassen, und im Druck zur allgemeinen Kenntniß aller theilnehmenden und wirkenden Mitglieder sowohl, als des verehrungswürdigen Publikums, bringen, damit Jedermann einsehen könne, wie das Beste des Instituts besorgt, verwendet und verbessert worden.

D 2   Sie-

Siebentens: Veranstaltet der Senat eine öffentliche Prüfung für die 48 armen Mädchens. Belobt jene, die sich am vorzüglichsten auszeichnen, um auch diese mit Fleiß, Eifer und Beständigkeit zum Fortgang des guten anzufachen. Zu dieser Prüfung wird zwar Jedermann zugelassen; es hat aber der Senat aus Ehrfurcht und Hochschätzung gegen Seine Churfürstliche Durchlaucht zu Pfalzbayern ꝛc. ꝛc. als Landesregenten, sich zur unnachläßigen Pflicht zu machen, zu dieser Prüfung einen Churfürstlichen Kommissär von der hochlöblichen Landesregierung Straubing, in gebührenden Respekt einzuladen, und zu bitten, daß dieser Abgeordnete der Prüfung beywohnen, und die Nutzbarkeit mit der, besonders innerlichen Einrichtung, wie stets wirkend, durch das wohlthätige Erziehungsinstitut dem Menschen Elend abgeholfen wird, Höchstgedacht Seiner Churfürstlichen Durchlaucht einberichten möchte.

Achtens: Hat auch der Senat auf alle Gegenstände, die das Wohl deren dem Institut angehörigen Unterthanen betrefen, genau, und nachzusehen, ob diese nicht durch Taxordnung

widrige Sporteln gekränkt, in allen Vorfallenheiten, besonders Unglücksfällen, nach Kräften
unterstützt, zur Cultur und Industrie aufgemun-
tert, alle Gelegenheiten, die ihre gute Wirthschaft, und bessern Familienstand, befördern
könnten, an die Hand gegeben, und verschaft
werden.

Insonderheit muß der Zustand der Poli-
zey- und Kirchenzucht, welche oft bei den meh-
resten Unterthanen vernachläßiget wird, streng
untersucht, ob die vorgeschriebene Ordnung gehalten, und auf deren Vollziehung pünktliche
Anweisung geordnet worden. Uiberhaupts müssen die Beschwerden, Gebrechen und Mängel,
die bey den Unterthanen insgemein herrschen,
ein Hauptaugenmerk des Senats seyn.

Zu dem Ende wird dessen Einsicht und
Gutbefinden überlassen, ob die Unterthanen zur
Zeit ihrer Michaelsgelder, Stifterlag, wobey
sie in Gemäßheit ihres Erbrechtsbr..fs, in Per-
son zu erscheinen haben, um alles, was sie be-
schwert, kränkt, drückt u. s. w. umständlich,
viritim, und nicht in Corpore befragt, und zu

Pr-

— • —

Protokoll genommen werden wollen, um desto
zuverläßiger abhelfliche Maaßregeln verfügen zu
können.

Neuntens: Gehört auch zur Hauptpflicht des Senats, daß er sich von dem Beamten alle Quittungen über die erlegten landesherr-
liche und landschaftliche Gefälle vorlegen lasse,
diese gegen die Einnahmsregister halte, ob in
allem vollständige Richtigkeit gepflogen, und wenn
die Unterthanen an landesherrlich- landschaftlich-
und grundherrlichen Reichnissen einen Nachlaß
erhalten hätten, ob ihnen dieser richtig vergütet
worden.

Siebentes Hauptstück.

Vorsteherin und Sekretärin.

§. 1.

Jede Gesellschaft, Gemeinheit, oder wie eine
zahlreiche Hausfamilie heissen mag, kann
ohne Vorsteherin, oder Oberin niemal bestehen;

denn

denn gleichwie ein Baum ohne Wurzel nie auf-
recht stehen kann, eben so ist eine Gemeinheit
ohne Führerin zu betrachten, es mag demnach die
Gesellschaft, Gemeinheit u. d. g. so gute, und
bestgegründete, geprüfte Grundsätze haben, wie
sie wolle. Dem Senat liegt also vorzüglich ob,
daß er eine Vorsteherin und Sekretärin, welche
alle Eigenschaften und Fähigkeiten besitzen, wie
sie dieser Grundplan fordert, erwähle, wie aber
damit zu Werk gegangen werden muß, wird
folgen.

§. 2.

Der Senat giebt allen Localvorständen
Nachricht, daß es die Nothwendigkeit erheische,
dem wohlthätigen Erziehungsinstitut eine Vorsteherin und Sekretärin zu wählen, wozu der
Tag zu benennen ist.

Jeder Localvorstand bringt daher 4 adeliche arme Damen in Vorschlag, wobey er aber
allzeit, wie schon erinnert, die Rücksicht zu
nehmen hat, daß jene, welche zur Vorsteherin
und Sekretärin vorgeschlagen werden, Catholi-
sche

scher Religion seyn müssen. Das zweyte Hauptaugenmerk ist, daß die Localvorstände, welche sie zur Vorsteherin zur Auswahl vorschlagen, eine verständige, kluge und weise arme adeliche Wittwe sey, die alle Geisteskräfte besitzt, eine gute Hausmutter abzugeben, und von welcher man im voraus überzeugt seyn kann, daß sie den Grundsätzen des Instituts getreu bleiben werde.

Haben nun die Localvorstände die 4 Damen, nämlich 2 zur Vorsteherin, und 2 zur Sekretärin, wovon arme adeliche Fräuleins auch nicht ausgeschlossen sind, erwählt, so schicken sie ihre Nämen verschlossener dem Senat, mit der Aufschrift:

Zum
Löblichen Senat des wohlthätigen Erziehungsinstituts in Bayern zu liefern
über Straubing.

Falckenfels.

§. 3.

Nach Einlauf aller Nämen, die zur Vorsteherin und Sekretärin von den Localvorständen

ständen vorgeschlagen worden sind, versammelt
sich der Senat auf den Saal im Schloß Falckenfels, und werden von der, welche das Prä-
sidium führet, den übrigen Mitgliedern des
Senats anfangs mündlich mit Bemerkung der
Eigenschaften und Fähigkeiten deren Kanditatin-
nen, und alsdenn schriftlich mitgetheilt, um
sich wohl bedächtlich zur Wahl dieser 2 dem
wohlthätigen Institut so wichtigen Personen,
vorbereiten zu können, weil dabey keine Em-
pfehlung von irgend Jemand, wer der, oder wer
sie auch seyn möchte, Statt findet.

Nachdem jedes Mitglied des Senats,
diesem Gegenstand reif nachgedacht, welche von
den vorgeschlagenen Damen es zur Vorsteherin,
und welche zur Sekretärin erwählen wolle; so
schreitet der Senat zur Wahl, welche einstimmig und einhellig ausfallen muß, sind aber die
Stimmen getheilt, oder wohl gar verschieden,
so werden die Nämen, welche gleiche Stimmen
haben, auf Zetteln geschrieben, verschlossen in
2 Frauenzimmerarbeit-Beutel, oder andere
fügliche Behältniß, das ist, in einen für die
Vorsteherin, in dem andern für die Sekretärin
gelegt,

gelegt, der nächſte beſte unſchuldige Knabe, oder
Mädchen herbeygerufen, und durch dieſe erſtens
ein Zettel zur Vorſteherin, und zweytens eins zur
Sekretärin gezogen, und auf dieſe Art die Wahl
entſchieden.

Welche nun die einhelligen Stimmen, oder
das Loos zur Vorſteherin, und das zur Sekretärin, erwählet, dieſen wird es unverzüglich
durch die Poſt, oder eigenen Boten, je nachdem es die Umſtände der Sicherheit, oder Entlegenheit, nothwendig machen, vernachrichtet,
und zugleich geſinnet, daß ſie auf den anberau-
menden Tag zuverläßig im Schloß Falckenfels
eintrefen möchten, vorausgeſetzt, daß die Local-
vorſtände ſchon im voraus vergwißet ſind, daß
jene Damen, welche ſie zur Vorſteherin und
Sekretärin vorgeſchlagen, dieſe ihnen durch un-
partheyiſche Wahl zutheilgewordene Stellen
auch annehmen werden.

§. 4.

Trefen die Vorſteherin und Sekretärin
im Schloße Falckenfels ein, werden dieſe durch
ein

ein Senatsglied in den Senatssaal geführet,
allda auf alle Gegenstände des Grundplans des
wohlthätigen Erziehungsinstituts und allen daraus entspringenden Obliegenheiten, nachdrücklichst
erinnert, und wenn sie allem getreulich und
fleißig, freymüthig und unerschrocken nachzukom-
men versprechen, wird die Vorsteherinn in Anwesenheit der Sekretärin, alsdenn die Sekretärin
in Anwesenheit der Vorsteherin, von dem Senat
in die eidliche Pflicht genommen, deren jährliche
Gehalt Verpflegung und Wohnungen angezeigt,
und in die Dienstesverrichtungen eingewiesen.

§. 5.

Die Pflichten der Vorsteherin sind kürzlich diese. Daß sie eines tugendhaften Lebens-
wandel, wohlanständigen Betragens, Geselligkeit
guter Sitten, Mitleid Häuslichkeit und Beschei-
denheit befleiße, die Pflichten des Christenthums,
und jene des wohlthätigen Instituts auf das
strengste ausübe, und dadurch allen ihren Untergebenen mit einem guten Beyspiel, wie es
einer weisen und klugen Matron ohne das Ge-
ziemt vorausgehe; insbesondere hat sie auf die
Ord-

Ordnung im Gottesdienſt, wie in allen Lehrge-
genſtänden genaue Obſicht zu tragen, ſihre Un-
tergebene ſowohl zu deren Erfüllung, als ſchul-
digen Gehorſam anzuweiſen, dann in allem, was
ihr von dem Senat anvertrauet wird, richtige
Rechnung zu pflegen, und überhaupts all jenes
zu thun, was der Grundplan des wohlthätigen
Inſtituts von ihr fordert, zu deren genauen
Befolgung ihr von dem Senat eine ordentliche
Inſtruction mitgetheilt werden wird.

§. 6.

Die Pflichten der Sekretärin ſind wie
jene der Vorſteherin, und nur in dem unterſchieden, daß ſie eine aufrichtig getreue Geſähr-
tin derſelben iſt, ihr in allem Beyhilfe leiſtet,
befolgt, was ihr von derſeben aufgetragen wird.
Die Stelle der Vorſteherin vertritt, wenn dieſe
aus Nothwendigkeit abweſend ſeyn muß,

Ein ordentliches Tagbuch hält, in welches alle Vorfallenheiten eingetragen werden,

Der

Der Vorseherin die Rechnung macht;
und mit ihr die Correspondenz sowohl mit dem
Senat, als den Mitgliedern des Instituts führt.

Achtes Hauptstück.

Aufnahme 48 armer Mädchen.

§. 1.

Das Institut hat es sich zum unverletzlichen
Gesetze gemacht, daß, gleichwie Jedermann
zu Errichtung des wohlthätigen Instituts, Kaufloose an sich bringen kann, dann Jedermann
frey stehet, dieses auf einer andern Seite zu unterstützen, also auch fließt die Nothwendigkeit
selbst, daß nur allein vorzüglich arme Mädchen,
Erziehung, Bildung, Versorgung und praktische
Kenntnisse von der Oekonomie in diesem wohlthätigen Institut erhalten.

§. 2.

§. 2.

Diesemnach haben alle Mitglieder der theilnehmenden und wirkenden Klasse das Recht, dem Senat wahrhaft arme Mädchen, zur Aufnahme zu empfehlen, wenn sie alle Eigenschaften haben, welche das wohlthätige Institut in der Maaß verlangt, daß diese Vater und Mutterlos, äusserst arm, oder wenn die Aeltern noch bey Leben, überzeugend bekannt seyn müsse, daß sie ausser Stand sind, ihre Kinder nothdürftig verpflegen zu können.

§. 3.

Die armen Mädchen, welche aufgenommen werden, müssen wenigst 10 Jahr alt, des Lesen, Schreiben, Rechnen, und ein und anderer kleinen Hausarbeit schon fähig, folglich die Trivial- und Normalschulen schon durchgegangen seyn.

§. 4.

Ist die Anzahl der 48 armen Mädchen beysammen, und der Senat versichert, daß sie
wirk-

wirklich arm sind, welches vorher streng untersucht werden muß, so nimmt derselbe die Aufnahme vor, und zwar

24 Fräulein, wovon 17 adelich, und 12
von Räthen, Beamten, Officiers- und Advoka-
tenstöchtern sind.

12 Mädchen vom bürgerlichen, und

12 Mädchen vom Bauernstand.

---

48 Fräulein, und Mädchen.

§. 5.

Sobald die Aufnahme geschehen, werden
die 48 arme Mädchen zum wohlthätigen Institut mit dem Auftrag berufen, daß sie in der
bestimmten Zeit im Schloß Falckenfels erscheinen, und ihre Erziehung, Bildung und Versorgung antreten, wo sie nach Verfluß 8 Jahren
mit allen nothwendigen Kenntnissen wieder aus-
treten, und andere 48 Mädchen, wie §. 4. auf-
genom-

genommen werden; sollte aber während den 8
Jahren ein Mädchen versterben, so wird dieses
durch Aufnahme eines andern ersetzt.

§. 6.

Diese Aufnahme 48 armer Mädchen
geschieht, wie gesagt, fortwährend alle 8 Jahre,
oder wenn in der Zwischenzeit ein Abgang ersetzt
werden muß, so lang das wohlthätige Institut
sich in seiner Existenz erhalten wird, welches
nach gründlicher Uiberlegung sehr leicht bewirkt
werden kann, da die reine Einnahme alle Jahr
15500 fl. abwirft, und dadurch die Gewißheit
ihrer Erhaltung vollkommen bestättiget; der
Senat, die Vorsteherin und Sekretärin haben
daher auf gute Administration der Güter all
immer möglichen Bedacht zu nehmen, daß die
Einnahmen zusammen gehalten, und durch un-
nöthige oder unnütze Ausgaben nicht geschmä-
lert: wohl aber die Erträgnissen verbessert, und
dem Endzweck gemäß, das wohlthätige Institut
ausgebreitet werde.

§. 7.

§. 7.

Würde sich also ergeben, daß sich durch gute Wirthschaft und Verbesserung, oder durch freywillige Beyträge, Legaten, oder anderseits die Erträgnisse vermehren, so bleibt dem Senat unbenommen, die Anzahl der 48 armen Mädchen nach Thunlichkeit zu vermehren, nur muß allzeit darauf gesehen werden, daß die Anzahl der Stände in der festgesetzten gleichen Verhältniß, wozu der Maaßstab §. 4. entworfen, verbleibe; denn das wohlthätige Institut will keine Schätze sammeln, und aufbewahren, sondern diese ihrer Bestimmung nach armen Mitgeschöpfen werkthätig zufließen lassen.

§. 8.

Wie der hinnach im eilften Hauptstück entworfene Unterrichts oder Schulplan beweißt, sind so nützliche Lehrgegenstände gewählet worden, daß eine ziemliche Anzahl Lehrerinnen von den besten Eigenschaften, Kenntniß und Wissenschaften erfordert werden, welche mit 48 Mädchen vielleicht nicht immer gleiche Beschäftigung

E   haben

haben möchten. Das wohlthätige Institut will demnach die Absicht ihres vortreflichen Endzwe- ckes auch jenen Fräuleins und Mädchen zuwenden lassen, die als Kostgängerinnen von dem gemein- nützigen Unterricht Antheil nehmen wollen.

Zu dem Ende wird hiemit bekannt ge- macht, daß, wem gefällig seyn sollte, als Kost- gängerinn beym Institut einzutreten, die be- zahlt für Verpflegung und Unterricht monatlich 8 fl. muß sich aber allen Gesetzen unterwerfen, die in diesem Grundplan enthalten sind.

Neuntes Hauptstück.

Aufnahme der Lehrerinnen und Diene- rinnen.

§. 1.

Diese Aufnahme wird dem Senat mit Bey- ziehung der Vorsteherinn und Sekretärinn, überlassen, wie sie es in Gemäßheit der Ord- nung

nung und des hinnach entworfenen Unterrichts,
für nützlich und nothwendig erachten werden,
nur daß man in Ansehung der Religion in diesem
Geschäft alle Einwürfe, (weil nämlich alle
katholischer Religion seyn müssen, und ohne
Ausnahme seyn sollen,) auf die Seite raume,
und keine Beschwerden veranlasse; dann die
Lehrerinnen alle hinreichende Kenntnisse von der
Oekonomie besitzen; daher in Rücksicht deren
Aufnahme eine strenge Prüfung, was aber die
Religion betrift, in Beyseyn des Ortspfarrers
vorhergehen müsse. Indeß können sich jene,
welche als Lehrerinnen aufgenommen zu werden
verlangen, auch vorläufig bey dem Institutsanwald, mit Einsendung ihrer Fähigkeitszeugnisse,
melden.

Zehen=

Zehentes Hauptstück.

Tagordnung, Gottesdienst, und Verpflegung der 48 Zöglinginnen.

§. 10.

Vom 1. May bis letzten Herbstmonats wird den Zöglinginnen die Morgenstunde jeden Tags um 5 Uhr, vom 1. Weinmonat bis letzten April um 6 Uhr zum Aufstehen bestimmt.

Nachdem sie sich angekleidet, welches in einer halben Stunde geschehen muß, verfügen sie sich mit der Vorsteherinn in das Oratorium der Schloßkirche, und verrichten allda laut ihre Morgenandacht.

Nach verrichteter nur eine Viertelstund dauernder Morgenandacht, wird ihnen in dem Speisesaal das Frühstück, so in einer Schaale warmen Milch zu $\frac{2}{3}$ und $\frac{1}{3}$ Kaffee, dann Brod bestehet.

Som

Sommerszeit, nämlich vom 1ten May
bis letzten Herbstmonats fängt um 6 Uhr, und
im Herbst, Winter und Frühling um 7 Uhr in
dem Oratorio der Schloßkirche das Lobgottes
an, und wird die Metten, Lectionen, Lob-
metten, Prim, Terz, Sext und Non,
oder die grossen Tagzeiten in deutscher Sprache
laut abgebetet, wozu eine starke halbe Stunde
gebraucht wird.

Nach diesem wird die heilige Messe gehalten, und die Zeit so geordnet, daß in einer
Stund die ebengesagten Andachten verrichtet sind.

Um 8 bis 11 Uhr werden die Lehrstunden gehalten. Von 11 bis 12 Uhr Erholungsstund, oder Ausübung des Privatfleißes.

Um 12 Uhr das Mittagmahl mit 6
genügsamen Speisen, und jede Zöglinginn eine
halbe Maß guten und gesunden Biers, welche
aber kein Bier trinken kann, oder nicht will,
die muß mit klarem Wasser vorlieb nehmen.

Vor-

Vor- und nach dem Mittagmahl wird das Gebet zum Gedeihen und zur Danksagung ebenfalls laut und mit Andacht verrichtet.

Von 1 bis 2 Uhr Erholungsstund, oder Privatfleiß. Von 2 bis 4 Uhr Lehrstunden.

Nach 4 Uhr wird im Oratorio der Schloßkirche die Vesper und Complet wieder laut gebetet, dann nach dieser verrichteten Andacht jeder Zöglinginn im Speisesaal $\frac{1}{4}$ Maß Bier, oder Wasser, was nämlich jede lieber will, mit wenig Brod gegeben.

Um 6 Uhr mit Vor- und Nachgebet die Abendmahlzeit mit 3 genügsamen Speisen, und $\frac{1}{2}$ Maß Bier, wie zu Mittag.

Von 7 bis $\frac{1}{2}$ 9 Uhr Erholungsstund, oder Privatfleiß. Nach $\frac{1}{2}$ 9 Uhr im Oratorio der Schloßkirche die Abend- oder Nachtandacht, und um 9 Uhr wird sich schlafen gelegt.

§. 2.

Die vorgeschriebene Ordnung, Andacht und Verpflegung wird an den Werk- Sonn- und Feyertagen unabänderlich beybehalten, auſſer daß an deren letztern das Amt der heiligen Meß im Sommer um 8 Uhr und im Herbſt, Winter und Frühling um 9 Uhr anfängt, damit die umliegende Nachbarſchaft dieſem Gottesdienſt in der Schloßkirche zu Falckenfels auch füglich beywohnen könne.

§. 3.

Es iſt nur allzubekannt, daß wahre Andacht, Anbetung und Verehrung Gottes, die erſte Grundlage zur zeitlichen und ewigen Glückſeligkeit ſind:

Daß dasjenige, was zarten jungen Herzen zum Lob des Allerhöchſten beygebracht wird, bey demſelben bis zum Ende ihres Lebens fort dauert:

Daß jede Beſchäftigung angenehm und erſprießlich wird, wenn der Anfang und die Vollendung mit Gott geſchieht; und daß es Pflicht der Dankbarkeit mit ſich bringt, dem Höch-

Höchsten inbrünstig zu danken, daß er Gnade
zur Entstehung des Erziehungsinstituts gegeben,
und wieder mit jedem Tage zu bitten, dieses
sich immer weiter ausbreitend zu erhalten.

Die Bestandtheile der wirkenden Klasse
haben daher für nöthig gefunden, vorstehende
Ordnung der Andacht einzuführen, um sowohl
gegen Gott, als gegen alle Wohlthäter nicht
undankbar zu seyn.

Es wird bereits auch an einem Gebet-
oder Andachtsübungsbuch für die Zöglinginnen
gearbeitet, solches gehörigen Orts der Approbi-
rungswillen vorgelegt, und denselben mitgetheilt
werden, damit der Gottesdienst einförmig verrichtet werden kann.

§. 4.

So, wie gesagt wird, die 48 arme
Mädchen an Seel und Leib während ihres acht-
jährigen Aufenthalts im wohlthätigen Erziehungsinstitut zu verpflegen, eben so werden sie
mit anständiger Kleidung jede nach ihrem Stande,
versehen werden.

§. 5.

§. 5.

Und da nur mehr übrig ist, auch für ihre Gesundheit zu sorgen , so wird das wohlthätige Institut einen erfahrnen Arzt aus Straubing in die Bestallung nehmen, und die Verfügung trefen, daß er wenigstens alle Woche einmal nach Falckenfels komme, und nachsehe, ob und wie wegen Gesundheitsumständen eine Medicin zu machen, nothwendig sey oder nicht.

Eilftes Hauptstück.

Unterricht.

§. 1.

Allgemein hat man bereits in allen Europäischen Staaten anerkannt, daß es allerdings nothwendig sey, die bisherige, äusserst schlerhafte, dem Endzweck der Staaten sowohl als der Menschheit gerade entgegengesetzte Erziehungs-

hungsart des weiblichen Geschlechts zu verbessern,
und sie nach den Regeln der Vernunft, nach
den gegenwärtigen Bedürfnissen der Staaten
und der Menschheit einzurichten.

Es sind auch bereits verschiedene Pläne
zu diesem Behufe erschienen, worunter sich vorzüglich jene der Madame Beaumont und der
Marquise von Genlis in so weit auszeichnen, daß ihre Werke bey dem gesitteten Theile
des Europäischen Publikums in diesem Fache
gewissermassen klassisch geworden sind; allein
man mag diese sowohl als alle andere bisher
darüber dem Publikum vorgelegte Entwürfe
und Anstalten von was immer für einer Seite betrachten, so zeigen sie doch dem wahrheitsfor-
schenden Auge im Grunde nichts, als eitel
Spielwerk und Tändelei, wodurch die Erziehung
des weiblichen Geschlechts nur immer mehr ver-
schlimmert wird, wie es denn die tägliche Erfahrung selbst bestättiget, indem man durch die
heutigen Erziehungssysteme die Sitten des Frauenzimmers so sehr verfeinert hat, daß es gar keine
mehr hat.

Das

Das wohlthätige Erziehungsinstitut hat dieser Sache lange nachgedacht, auch ihre endlich gefaßte Entschlüsse blos auf strenggeprüfte Erfahrungssätze gegründet.

Wer irgend ein vernünftiges System machen will, muß vor allem gewisse Grundsätze festsetzen, auf die er sein System bauen will. Sind diese Grundsätze unerschütterlich fest, so kann das ganze darauf gegründete Gebäude nicht anders als unerschütterlich seyn.

Das wohlthätige Erziehungsinstitut hat folgende Sätze zum Grundstein seines Plans zur öffentlichen Mädchenschule gewählet, als nämlich

Erstens: Oeffentliche Schulen sind weit besser für den Unterricht der Jugend, als der Privatunterricht, der zum offenbaren Schaden der Jugend und der Menschheit allenthalben so sehr überhand genommen hat. Warum giebt es heut zu Tage so viele elende Schwachköpfe? Gewiß aus keiner andern Ursache, als weil man es nach den modischen Prachtgesetzen für eine

förm=

förmliche Schande hält irgend einen z. B. hoch-
und hochwohlgebohrnen Sohn in jene öffentliche
Schule zu schicken, wo der Bürgerssohn seinen
Unterricht erhält. Und was ist hievon die Folge?
Daß der in öffentlichen Schulen lernende Bürgerssohn nach geendigten Schuljahren oft einen
Centner Verstand in die Krambude seines Vaters
bringt; dahingegen der hochadeliche Sohn kaum
ein Quintchen davon auf seinem Erbsitz blicken
läßt. Der grosse Kaiser Karl, der in einem
Jahre oft grössere Thaten ausgewirkt hat, als
alle seine Fürstenenkeln vielleicht zusammen genommen während ihrer ganzen Regierungszeit,
schämte sich nicht, als Monarch eines halben
Welttheils in Schaafpelz gehüllt, und sein Lehrbuch in der Hand tragend, in das erste beste
Mönchenkloster zu Fuße zu gehen, um dort
lesen und schreiben zu lernen; dahingegen unsere
Reiche diesem Beispiel so wenig folgen, indem
sie ihre Söhne die öffentliche Schule nicht be-
suchen lassen.

Nur in öffentlichen Schulen findet der
heftigste Lehrsporn die Emulation und gegenseitige Aneiferung, Statt; nur hier saugt man
die ersten Grundsätze der im Menschenleben so noth-

wendi-

wendigen Menschenkenntniß ein, nur hier lernt
man die Kunst, sich vor jenen durch ächte Verdienste auszuzeichnen, vor welchen man den un-
gefähren Vorzug der Geburt und des Vermö-
gens behauptet; und der Staat, die Menschheit
erhält ein neues, mächtiges Band, wodurch
der Mensch an Mensch, Bürger an Bürger,
geknüpft wird, das Band der Schulgespann-
schaft nämlich, das oft weit dauerhafter und
enger, herzlicher und aufrichtiger, als selbst
jenes der nächsten Blutsverwandschaft ist.

Uiberhaupt ist es ein ganz unverantwort-
licher Unsinn, darinn einen Vorzug des Ranges zu suchen, (wie es bey dem Privatunterricht
der Jugend geschieht,) wo es blos auf die wirkliche Verdienste des Verstandes und der Vernunft ankömmt.

Freylich weiß man auch diesen Rangstolz
dadurch zu verschönern, daß man sagt, die Hoch-
gebohrne Jugend lerne in öffentlichen Schulen von
den Kindern des Pöbels nichts als Unartigkeiten
und pöbelhafte Sitten; allein wird wohl in der
Welt ein Stand anzutrefen seyn, der nicht auch
                                              ein

einzelne Menschen zähle, welchen man gleichen Vorwurf machen könnte. Das wohlthätige Erziehungsinstitut sucht dahero mit gutem Vorbedacht, den öffentlichen Schulen allgemein zumachen, und verwirft den häußlichen Privatunterricht, wenn er nicht mit jenem der öffentlichen Schulen vergesellschaft ist; weil es die tägliche Erfahrung weißt, daß man bey diesem Privatunterricht gemeiniglich unwissender und kenntnißloser bleibt, als bey dem öffentlichen.

Zweytens: So nothwendig und nützlich es ist, dem weiblichen Geschlechte die Kenntnisse verschiedener Wissenschaften und nützlicher Künste beyzubringen, eben so gefährlich und schädlich ist es, wenn man demselben Liebe zur Gelehrsamkeit einzuflössen sucht. Kenntnißreich muß ein Frauenzimmer, aber nicht Gelehrt seyn; denn Gelehrsamkeit unsers Zeitalters ist nichts als schwülstiger Pedantendunst und unsinniger Aberwitz. Blos nothwendige, nützliche Kenntnisse müssen daher dem Frauenzimmer beygebracht werden; Kenntnisse, wodurch die bey diesem Geschlecht schwache Nerven des Gehirns gestärkt, ihre ausschweifende Ein-

bil-

bildungskraft begränzt, ihre Denkungskraft be-
richtiget, und das Gefühl ihres Herzens auf
ernsthafte Gegenstände gelenket , mit Bieder-
sinn befestiget, von der Tandeley der Empfinde-
ley losgerissen, und zur thätigen Empfindsam-
keit bewogen wird.

Drittens: Diesemnach müssen die Lehr-
bücher für das weibliche Geschlecht ganz anders,
als jene für das männliche eingerichtet seyn.
Der Männergeist muß durch Denken zum Handeln bewogen werden; der weibliche Geist hingegen durch Handeln zum Denken: das ist, den
Männern müssen theoretische Grundsätze vor
allen beygebracht werden, um ihnen praktische
Kenntniße beyzubringen, bey dem Frauenzimmer hingegen muß man den Unterricht mit
praktischen Kenntnissen anfangen, um sie mit the-
oretischen Grundsätzen bekannt zu machen.

Viertens: Die Mädchenschulen müssen eben so, wie jene der männlichen Jugend
eingerichtet, und wie diese in dreyerlei Gattun-
gen, als nämlich: in Trivial- oder Normalschulen in Gymnasien und in Akademien eingetheilt seyn.

Es

Es ist wenigstens eben so unbegreiflich,
als unverantwortlich, daß, nachdem alle Eu-
ropäische Staaten so große und beynahe uner-
meßliche Geldsummen auf Schulen für die männliche Jugend verwenden, noch keine einzige
wahre öffentliche, vom Staate auf seine Kösten
unterhaltene Mädchenschule irgendwo anzutrefen
sey; und doch erfordert selbst nach den Regeln
der Staatsklugheit die weibliche Jugend unend-
lich mehr Aufmerksamkeit von Seiten der Staats-
regenten, als die männliche. Es ist mehr als
lächerlich, wenn man die sich so nennenden Welt-
weisen unsers Zeitalters über Bevölkerung, Lan-
descultur, Aufklärung, Menschenglück u. s. w.
schwätzen und schwadroniren hört.

Es ist ein karakteristisches Kennzeichen
unsers Zeitalters, daß man allenthalben erndten,
aber nirgend säen will. Man sorgt nur eher
für die bessere Erziehung, Bildung und Versorgung des weiblichen Geschlechts, und alles,
was gut und für die Staaten sowohl, als
Menschheit nützlich ist, wird von selbst ohne
Projecktmacherey zur Wirklichkeit gedeihen.

Das

Das wohlthätige Erziehungsinstitut stimt zwar jenem Grundsatz, wenn nicht ganz bey, doch auch nicht entgegen, wodurch man mit dem Bürger von Genf behaupten will, daß das Frauenzimmer ganz anders erzogen, folglich da der Unterricht ein wesentlicher Theil der Erziehung ist, auch ganz anders in der Jugend unterricht werden müsse, als das männliche Geschlecht; allein verhindert wohl dies, daß man die weisen Anstalten, die man in den Schulen der männlichen Jugend eingeführt sieht, nicht auch auf die weiblichen anzuwenden suche? Der Knabe kömmt gewissermaßen schon im 3ten oder 4ten Jahr seines Alters in die Hände der Lehrer und verweilt dort gemeiniglich bis in sein 22 oder 23tes Jahr. Er bringt gemeiniglich 3 bis 4 Jahr bey Schulmeistern in den sogenannten Trivial- oder Normalschulen 6. bis 8. Jahr in Gymnasien, 4. bis 6. Jahre auf Universitäten zu. Durch das Schulgehen wird er vom Müßiggang abgehalten, und die Eltern der Last des größtentheils seiner Erziehung entledigt. Wie schwer und lästig fällt hingegen den Eltern die Erziehung der Mädchen? Werden diese nicht schon von der ersten Kindheit an zum

F   Müßi-

Müßigang, Unthätigkeit und Unwirksamkeit aller Geisteskräfte gewöhnt? Der höhere Stand überläßt sie hergelaufenen Französinnen, von welchen sie nichts als Geschwätzigkeit, Putzsucht, Tändeleyen, Eitelkeit, Liebesränke und Verstellungskunst lernen. Der mitlere Adel und Bürgerstand überläßt seine Töchter meistentheils ihrer eigenen Willkühr, und begnügt sich mit dem, wenn sie höchstens die Buchstaben kennen, schlecht lesen und noch schlechter schreiben, etwas weniges nähen und stricken, und vielleicht dabey auch noch tanzen können. Beym Landvolk hingegen ist es ein förmliches Wunderwerk, wenn ein Mädchen mehr als zu Grasen und Kühe zu melcken, sie zu mästen, und wenn es hungert, zu essen, wenn es durstet, zu trinken, wenn es schläfert, zu schlafen weiß.

Das Erziehungsinstitut sucht daher geflissentlich die Schul und Lehrjahre der Mädchen zu vervielfältigen, und ihnen solchergestalt während der ganzen Zeit der Kindheit und der bey Mädchen so gefährlichen Jugend, wo Müßiggang für sie das gefährlichste Seelengift ist, eine nützliche Beschäftigung zu verschaffen.

Fünf

Fünftens: Hat es das wohlthätige Erziehungsinstitut für höchst nothwendig erachtet,
auch denen armen Bürger = und Bauernmädchen
den Unterricht zwar nicht gleichförmig, wie jenen der adelichen mitzutheilen, aber auch solchen
in vielmehr zu verbessern, wie es der Bürger=
und Bauernstand erfordert, weil nur zu über-
zeigen bekannt ist, daß bey erarmten Bürger=
und Bauernmädchen oft die vorzüglichsten edlen
und talentenreichesten Geistesgaben anzutreffen
sind, und ausser einer guten Erziehung und Bildung vergraben bleiben, ja oft meistens vom
Bettel zum Müssiggang, von diesem zu all erdenk-
lichen Lastern geleitet worden, und endlich unter
den Händen der Henker sterben, die doch bey
einer guten Erziehung und Unterricht die nütz-
lichsten Glieder des Staats geworden wären,
nach Anordnung des wohlthätigen Instituts aber
wirklich werden müssen.

So einleuchtend dieses jedem vernünftigen
und wahren Menschenfreund seyn wird, eben so
begreiflich und bekannt wird auch demselben seyn,
daß die Bürger und Bauernmädchen denen adelichen ein Gegenstand des Hasses und Verach-

F 2   tung

tung sind. Das wohlthätige Institut sucht da=
her durch ihren Gemeinschaftlichen Unterricht die=
se Vorurtheile stumpf zu machen, und nach Mög=
lichkeit vollkommen auszuäßen, damit der Adel
den Bürger und Bauernstand lieb gewinne,
und dieser den Adel verehre und schätze, folglich
einsehen lerne, zu welchen Geschäften der Adel,
und zu welchen der Bürger und Bauer bestimmt
sey.

Lassen wir den Franzosen und Revolu=
tionsgeistern ihre Lieblingsdemokratie.

Wir wollen unsere Zöglinginnen belehren,
daß zu Aufrechthaltung jeder weisen Staatsver=
fassung, und zur Glückseligkeit aller darinn
wohnenden Menschen, verschiedene Stände seyn
müssen, wenn nur zu Bewirkung dessen Ver=
ehrung, Liebe und Eintracht zum Urstof gelegt
wird.

Sechstens: Der Unterricht in der Re=
ligion gehört zwar nicht in die Schulen, aus=
genommen in soferne sie einen Theil in der
Moral ausmacht, und allen Menschen ohne
Aus=

Ausnahm gemein ist; er gehört in die Kirche, und das wohlthätige Institut hätte ihn gerne ganz der Geistlichkeit überlassen. Da aber der Religionsunterricht einer der ersten Lehrgegenstände seyn muß, und nach den Religionsgrundsätzen auch die Lehrerinnen aufgenommen werden, die den Religionsunterricht nach Vorschrift der christkatholischen Verfassung besorgen müssen; so ist der Geistlichkeit lediglich die Nachsicht und Prüfung in den Schulen, an den Sonn- und Feyertägen aber ihr der Religionsunterricht in der Kirche allein überlassen.

Siebentens: Es ist ein wesentlicher Fehler selbst in den gewöhnlichen Männerschulen, daß darinn der Jugend blos die Kenntniß der Wissenschaften, nicht aber zugleich die Kenntniß nützlicher Künste, wie z. B. Musik, Zeichnen, Mahlen u. s. w. beygebracht werden.

Diese Einrichtung ist in Mädchenschulen um so nothwendiger, als die Nahrungswege des weiblichen Geschlechts weit eingeschränkter, als jene des männlichen sind, und sie in ihren reiferen Jahren nicht mehr so leicht als ein

Mann

Mann Gelegenheit und Muße haben um sich neue
Kenntniſſe zu erwerben.

§. 2.

Die weiblichen Gymnaſien und Akademien gehörten ebenfalls in die Haupt und Reſi-
denzſtädte, allein das wohlthätige Erziehungsinſtitut hat es als eine nützliche Nothwendigkeit
eingeſehen, dieſen in der Abſicht auf dem Land
nach zu ahmen um deſto füglicher der weiblichen
Jugend praktiſche Kenntniſſe von der Oekonomie
beybringen zu können, daß, wenn nach 8 jährigen Unterricht die 48 Zöglinginnen austretten,
und Regenten und deren Diener in denen Haupt-
und Reſidenz-Städten weibliche Gymnaſien und
Akademien errichten wollten, ſie dieſe als Lehrerinnen anſtellen könnten.

§. 3.

Ordnung iſt bey einer Gemeinheit die
Seele des ganzen Geſchäfts, wo dieſe mangelt,
wird auch nichts ganzes zu Stand gebracht.

Um

Um also gute Ordnung zu erhalten, hat das wohlthätige Institut ihren Unterricht in 6 Klassen eingetheilt. Die ersten 3 Klassen sind den Zöglinginnen für die ersten 3 Jahr, und die letzten 3 Klassen für die übrigen 3 Jahr derselben, die letzte 2 Jahre hingegen allen 6 Klassen gemeinschaftlich für die Akademie gewidmet.

Die 48 arme Mädchen haben ohne das schon vor ihrer Aufnahm die Trivial- und Normalschulen passirt, es wird also gleich

In der ersten Klasse dieser weiblichen Instituts Gymnasien gelehrt.

Montag, Mittwoch und Freytag für die 1te Stunde Religion. 2te Stunde Anfangsgründe der Nationalsprache. 3te Stunde, Rechtschreibungskunst in der Nationalsprach.

Nachmittag die 1ste Stunde Strickerey Die 2te Nähen.

Diens-

Dienstag und Donnerstag früh die 1te Stunde Religion, die 2te Rechnungskunst, die 3te Geographie im allgemeinen.

Nachmittag die 1te Stunde Musik, die 2te Gesang.

Das Institut sieht das eine sowohl als das andere dieser beyden nicht nur als Zierde des weiblichen Geschlechts, sondern auch als Versorgungsmittel an. Schon die Natur scheint das Frauenzimmer durch die Ertheilung einer feinern Stimme zum Gesang bestimmt zu haben, und man muß die Mädchen schon von ihrer ersten Jugend an dazu gewöhnen. Das Klavier ist das beste Instrument, auf dem man der Jugend in einer öffentlichen Schule Unterricht geben kann, indem man nach dessen Kenntniß mit leichter Mühe sich durch eigenen Fleiß die Kenntniß anderer musikalischer Instrumente verschaffen kann.

Sonnabend frühe die 1te Stunde Religion, die 2te Moral, die 3te Geschichtskunde.

Nach-

Nachmittag die ıte Stunde Zeichnung, die 2te Tanz.

In der zweyten Klasse.

Montag, Mittwoch, Freytag, frühe die ıte Stunde Religion, die 2te Stunde die Lehre der Nationalsprache in Mittheilung nnd Erklärung der Sprachregeln. In der 3ten Verfertigung leichter Aufsätze, worin die Regeln der Sprachlehre in Ausübung gebracht werden.

Nachmittag, wie in der ersten Klasse, nur mit dem Unterschied, daß, nachdem man in dieser 2ten Klasse schon nicht mehr mündlichen Unterricht im Stricken und Nähen, sondern blos Unterricht braucht, eine der Schülerinnen jeden Tag abwechselnd, während daß sich die übrigen mit der Handarbeit beschäftigen, irgend ein für junge Mädchen intressantes Buch, wie z. B. der Madame Beaumont Magazin, Kampes Schriften u. f. w. laut liest, und die Lehrerin bey dieser Gelegenheit ihren Schülerinnen die etwa in diesen Büchern unverständlichen

Stel-

Stellen erklärt, und ihren jungen Herzen gute Grundsätze einzuprägen sucht.

Dienstag frühe die 1te Stunde Religion, die 2te Uibung in der Rechnungskunst, die 3te Geographie von Deutschland.

Nachmittag, wie oben.

Donnerstag frühe die 1te und 2te Stunde Anfangsgründe der Haushaltungskunst, die 3te Anfangsgründe der französischen Sprache.

Nachmittag die 1te Stunde Anfangs- gründe der schönen Stickerei, die 2te Anfangs- gründe der Kochkunst.

Sonnabend, wie in der ersten Klasse. Nur muß bemerkt werden, daß bey der Erklä- rung der Moral immer die letzte Viertelstund den Regeln gewidmet werden muß, nach welchen sich ein Mädchen in diesem Alter zu betragen hat. In Betreff der Geschichtskunde aber wird Milbots Universalgeschichte zum Lehrbuch in so lang vorgeschrieben, bis jenes fertig ist, wel-

welches das Institut deutscher Nation für jede Klasse
insbesondere arbeiten läßt.

In der dritten Klasse.

Montag : In dieser dritten Klasse, wo
das Alter bereits reifer zu werden anfängt, kann
auch der Unterricht ernsthafter und vielfältiger
werden.

Diesemnach wird Montags frühe die 1te
Stunde der Religion mit der damit verbun-
denen biblischen Geschichte, die 2te Stunde der
Logik, oder der Kunst richtig zu denken gewidmet; und die Regeln derselben erklärt, in der
3ten Stunde aber Fragen aus dieser Erklärung
aufgegeben, die jede Schülerinn in dieser Stunde
jede besonders, schriftlich beantworten muß.

Nachmittag in beyden Stunden blos
Uibung im Nähen in dem gemeinschaftlichen
Lehrsaal, wohin die Mädchen mit ihren Lehrerinnen von der dritten bis sechsten Klasse kommen
müssen. Nur die ersten zwey Klassen läßt man
in diesen sogenanten Lehrsaal nicht, weil in
den

den erſten zwey Klaſſen nur die Anfangsgründe,
und zwar mündlich mitgetheilt werden, in den
höhern aber der Unterricht blos in der Uibung
beſtehet, und die Lehrerinnen blos nachzuſehen
haben, ob und wie jede ihrer Schülerinnen
arbeitet.

Die Materialien zu dieſen Arbeiten giebt
das Inſtitut, mithin müſſen dieſe auch demſelben zu ihrer anderweitigen nützlichen Verwendung
wieder verbleiben, doch bey jeder Prüfung beym
Jahrbeſchluß vorgelegt und gezeigt werden.

Dienstag frühe die 1te Stunde Lehre
der Briefkunſt, in der 2ten Uibung darin, und
in der 3ten Geographie.

Nachmittag gemeinſchaftlich Stricken
aller vier obern Klaſſen in dem Lehrſaal unter
Vorleſung eines lehrreichen Buches.

Mittwoch frühe die 1te Stund Fortſe-
zung der Geographie, in der 2ten und 3ten
Mythologie, oder die heidniſche Fabellehre, deren
Kenntniß nicht blos zum beſſern Bücherverſtehen,
                                           ſon-

sondern auch zu ihren Handarbeiten im Zeichnen und Sticken dem weiblichen Geschlecht sehr dienlich ist.

Nachmittag in beyden Stunden Uiburg in der Musik und Gesang im Lehrsaale.

Donnerstag frühe die 1. und 2te Stunde Haushaltungswissenschaft, die 3te Geschichtskunde.

Nachmittag in der 1ten Stunde Zeichnung, in der 2ten Mahlerei, Stickerei, Tambourarbeit, Filetarbeit, oder irgend eine ähnliche, abwechselnd in einem Donnerstag diese und in dem nächstfolgenden eine andere, doch immer alle vier obern Klassen gemeinschaftlich im Lehrsaale.

Freytags frühe in allen drey Stunden Uibung in der Kochkunst.

Dieser Punkt möchte einigen Schwierigkeiten unterworfen seyn; allein diese verschwinden, sobald die Einrichtung gehörig getroffen ist.
                                        Man

Man darf nur die Mädchen diese drey Stunden
abwechselnd in die Küche nehmen, oder ein
Theil giebt die Speisen und was dazu gehört
vor, der zweyte Theil macht damit Vorberei-
tungen, und der dritte Theil der Mädchen kocht
sie unter Anleitung einer geschickten Köchin.
Die Kochkunst ist jedem Frauenzimmer nothwendig, und bringt ihnen ohne Ausnahm des
Ranges Ehre und Nutzen.

Sonnabend frühe, Moral und Verhal-
tungsregeln in jeder Klasse abgesondert. Nach-
mittags aber gemeinschaftlich im Lehrsaale die
1te Stunde Uibung in der französischen, englischen und italienischen Sprache wechselweise, eine
Woche diese, die andere eine andere Sprache,
in der 2ten Stunde Tanz im Lehrsaale.

In der vierten, fünften und sechsten Klasse.

Alles, so wie in der dritten, und müssen 1) die in der dritten Klasse beygebrachten
Kenntnisse so, wie die Klassen steigen, immer
mehr und mehr vervollkommnert werden. 2)

Mon-

Montags frühe in der vierten Klasse die Metaphysik oder Seelenlehre auf eine der weiblichen Fassungskraft angemessene Art, in der fünften und sechsten Klasse aber die Naturlehre anstatt der Logik beygebracht werden. 3) Dienstag in den höhern drey Klassen die Briefkunst nicht blos in der deutschen, sondern auch in der französischen, englischen und italienischen Sprache gelehrt, und Uibungen darin veranstaltet werden, wie denn in diesen Stunden nicht blos Briefe, sondern auch schriftliche Aufsätze zu verfassen sind, in so weit deren Gebrauch in dem weiblichen Leben vorkömmt.

§. 4.

Haben die Instituts Fräulein und Mädchen in Zeit 6 Jahren alle sechs Klassen gelernt, und sind in den darin vorgekommenen Lehrgegenständen nach strenger Prüfung bewährt erfunden worden; so treten sie die noch übrigen 2 Jahre in die Akademie ein. Hier erhalten sie den akademischen Unterricht in den Klassen der Wissenschaften als Logik, Metaphysik, Experimentalphysik, Litteratur, Oekonomie,

Ju-

Jurisprudenz, in so weit sie weibliche Gerecht-
same und Pflicht lehrt, Moral, Naturlehre,
Pädagogik, Geographie, Geschichte,
Mythologie, in der Klasse der Künste Zeichnung, Mahlerei, Musik, und überhaupt
über alle Gegenstände, die man in den voraus
gegangenen sechs Klassen erhalten hat, damit
die dort gesammelten Kenntnisse zur gehörigen
Vollkommenheit gebracht werden.

Zwölftes Hauptstück.

Endzweck.

Der Endzweck des wohlthätigen Instituts ist
zwar in dem bisher vorgetragenen Grundplan und Unterricht schon deutlich genug entworfen. Man will aber von dem Hauptend-
zweck noch kürzlich etwas beyfügen.

Alle 8 Jahre treten mit allen Kenntnissen
bereichert 12 Fräuleins, 12 Räthe-Beamten-
Offi-

Officiers- und Advokatenstöchter, 12 bürgerliche
und 12 Bauernmädchen aus dem Institut, und
gehen in die Welt zurück, wo sie Lehrerinnen,
Hofmeisterinnen, Gesellschaftsfräulein, Kammer-
jungfern u. d. g. abgeben, und sich dem Unterricht der weiblichen Jugend widmen, oder in
anderweg auf tugendhafte und nützliche Weise
ihren Unterhalt und Versorgung erlangen können. Verheurathen sie sich, welchen unüberseh-
baren Nutzen verschaffen sie nicht allen Staaten,
wo sie sich niederlassen; und welche Vortheile
erhält nicht überhaupts die ganze Menschheit,
da sie ihre eigene Kinder mit den in dem Institut
erhaltenen Grundsätzen zu erziehen und zu bilden
im Stande sind. Von ihren Kindern geht diese
auf ihre Enkel u. s. w., wodurch also die
Menschheit bis in das Unendliche beglückt wird.

Der Bürger, insbesondere der Bauernstand ist gewiß auf alle mögliche Art immer von
guter Erziehung ihrer weiblichen Jugend entweder ausgeschlossen, oder entfernet gewesen. Nun
aber erhalten diese beyde aus dem Institut gut-
erzogene Lehrerinnen und Mütter, welche die

gute

gute Erziehung ihrer Jugend über sich nehmen, und besorgen könnnen.

Das Institut ist ein Zufluchtsort aller armen weiblichen Geschöpfe in Anbetracht der Erziehung, Bildung und Versorgung, dann der alle Jahre austheilenden Pensionen, in sofern alle Hilfsquellen eingehen, wie man es zu diesem erhabenen Endzweck wünscht.

Welchen traurigen Anblick geben manchmal Räthe-Beamten-Officiers- und Advokatenkinder, wenn sie durch einen frühzeitigen Tod ihrer Aeltern beraubt, vor den Thüren vermöglicher Bürger und Bauern ihr Brod suchen, und dabey die bittersten Vorwürfe hören müssen.

Erfreuet euch ihr guten Kinder! das wohlthätige Institut wird vorzüglich auf eure Erziehung, Bildung und Versorgung bedacht nehmen. Das Institut sieht ein, daß Eure Väter Gesundheit, Vermögen vernachlässiget, und sich blos zum Besten des Staats, dem sie gedienet, gewidmet, und eben dadurch zu eurem

Un-

Unglück, zu einem förmlichen Schlachtopfer gemacht hab.n — — — !!!

Wird das Institut zu bessern Kräften
kommen, wie die Aussicht vor Augen liegt, so
wird auch die erste Sorge seyn, daß alle Jahr
ein armes Mädchen, welches sich durch eine gute
Aufführung ausgezeichnet, mit einer thunlichen
Aussteuer versorgt werde.

Und welcher Nutzen fließt nicht aus dem
praktischen Unterricht von der Oekonomie, welcher der weiblichen Jugend auf einem Landgut
gegeben wird, wo ohne daß alle nur immer
mögliche Oekonomie-Gegenstände selbst besorgt
werden. Ein Beweggrund, der allein schon alle
Vorurtheile ausschließt, und die Nothwendigkeit einzusehen erheischt, warum man die Einrichtung des Instituts auf dem Land für die
arme weibliche Jugend erwählet habe, weil
eine Lehrerinn, oder Hausmutter, sie mag so
Kenntnißreich seyn, wie sie wolle, ohne Begriff
und wahre Einsicht der Oekonomie, immer ein
Uibel verbleiben würde. Kurz! das Institut
befördert ihrem Endzwecke gemäß alles, was

nur

nur immer armen Mädchen, Wittwen und
Waisen vortheilhaft und nützlich, und von diesen auf die ganze leidende Menschheit ausfließen
könne, so gewiß noch von keiner Anstalt dieser
Art, jemals bewirkt und ausgeführt worden.

Auf diese Anzeige gehen auch jedem theilnehmenden und mitwirkenden Mitglied die Vortheile zu, daß er sein an sich gebrachtes, oder
mehrere Kaufloose, für sich oder seine Kinder
nicht nothwendig habe, jemals eine Unterstützung beym Institut anzusuchen; so kann man
seine Kaufloose andern minder vermöglichen ver-
machen, verschenken, oder auch verkaufen, und
cediren, folgbar dadurch in anderweg Gutes
wirken; nur muß neben solchen Kaufloosen allzeit
ein ächtes schriftliches Zeugniß bey dem Instituts-
Senat vorgewiesen werden, auf welche Art man
solche an sich gebracht habe, um selben gleiche
Vortheile, wie den ersten Eigenthümern ohne
Anstand zukommen lassen zu können. Und wie
nun andurch deutlich genug bestimmt ist, daß
Jedermann seinen Nebenmenschen soviel Gutes
erweise, als er nur immer in seiner Lage thun
kann; also auch wird nochmal behauptet, daß
                                        diese

diese Ansübung für Deutsche doppelte, und Nationalpflicht ist, und wie? wo dies leichter, verdienstvoller und besser geschehen könne? als eben in, durch, und bey

dem

Wohlthätigen Erziehungsinstitut in Bayern.

Von Silberbaurn, mpria.
auf Satlbeilstein, und Tragenschwand, Anwald.

Beylagen

zu

diesem Grundplan.

Einnahmen.

Die alle Jahr zu Michaelis baar zu bezahlen
kommende Grundgelder, Stift, betragt im
    Amt Falckenfels · 836 fl. 12 kr.
    · Ascha · 544 fl. 51 kr.
    · Ratiszell · 431 fl. 26 kr.
Der Küchendienst betragt im
    Amt Falckenfels · 32 fl. 56 kr.
    · Ascha · 19 fl. 36 kr.
Dann so muß der Wirth zu Falckenfels alle
Jahr ein gutgemästetes Kalb eindienen pr.
                           6 fl.
Nichtweniger muß der sogenannte Kolmber-
ger im Amt Ratiszell entweders über
Sommer zwey Rindeln laufen lassen:
oder weiden, oder hiefür in Geld bezah-
len · · · · 4 fl.

Seite ·

ſ ch l a g,

Herrſchaft Falckenfels und der dazugehö-
Aſcha und Ratiszell.

Hornung 1792.

Beſtändige.			Unbeſtändige.		
fl.	kr.	pf.	fl.	kr.	kr.
1812	29	—	—	—	—
62	32	—	—	—	—
1875	1	—	—	—	—

Einnahmen.

herüber

Der Getreiddienst besteht in

Weiz — Sch. 2 M. 3 V. á 7 fl.
3 fl. 12 kr. 2 pf.

Korn 13 Sch. 4 M. 2 V. á 6 fl.
82 fl. 30 kr.

Haaber 25 Sch. 2 M. 1 V. á 3 fl.
75 fl. 58 kr.

Streuhaaber 8 Sch. 4 M. 3. V. á 3 fl.
26 fl. 1 kr. 3 pf.

Hundshaaber 23 Sch. 4 M. 3 V.
71 fl. 1 kr. 3 pf.

Die überflüßigen über noch vorhandene zur Oekonomie benutzende Feld- und Wieß-gründe sind, ohne daß ein Nachlaß Statt findet, verstift im

Amt Falckenfels um 423 fl. 52 kr.
- Ascha - 93 fl. 43 kr.
- Ratiszell - 225 fl. 45 kr.

Seite

Beständige.				Unbeständige.		
fl.	kr.	pf.		fl.	kr.	pf.
1875	1	—		—	—	—
258	44	—		—	—	—
743	20	—		—	—	—
2877	5	—		—	—	—

Einnahmen.

N.

herüber

Die Unterthanen zahlen für 26 Mann und
125 Weiber und Scharwerktage á 10 und
12 kr.

Für die Winter und Sommerärntetäge

Für das Eggen

123 Unterthanen haben jährlich ein jeder 2
Pfund Flachs zu spinnen, oder diesen zu
bezahlen vom Pfund 12 kr.

Der beständige Schmalzdienst bestehet in 9
Centen. $19\frac{2}{4}$ Pfund, ab welchen die Unterthanen das Pfund pr. 20 kr. bezahlen und
die ab jeden Pfund hinaus zu bezahlen
tresenden 2 kr. zurücklassen; es werden aber
demnach nur ab jeden Pfund 18 kr. aus-
geworfen, die vermög Beylag sub Nro. 1.
Lit. M. zu vereinnahmen tresende

I

Dann so gebühret vom Amt Ratiszell noch 1
Köpfl Schmalzdienst zu $1\frac{1}{4}$ Pfund anzusetzen mit

Seite

Beständige.			Unbeständige.		
fl.	kr.	pf.	fl.	kr.	pf.
2877	5	—	—	—	—
26	20	—	—	—	—
62	33	—	—	—	—
29	25	—	—	—	—
50	48	—	—	—	—
275	55	2	23	26	2
—	22	2	—	—	—
3322	29	—	23	26	2

Beylag

Einnahmen.

R.

herüber

Die beständige Kircherechnungs- oder derley Aufnaßmsgebühren werfen ab

Der Metzger zu Falckenfels hat jährlich 36 Pfund Inschlitt á 12 kr. einzudienen

Der Fischbach zu Ascha ist in der Nutzung zu

Jener zu Ratiszell zu

Der Perlrekompens betragt auch

Die Erbrechtsgefälle haben Inhalt Protokollsauszug von Michaeli 1777. bis solche Zeit 1787. auf einen Jahrsgang ertragen im

Amt Falckenfels	264 fl.	22 kr.	2 pf.
Ascha	280 fl.		
Ratiszell	96 fl.	40 kr.	

Briefsgefäll Inhalt Protokollsauszug sub Nro. 2. haben auf obige Zeit erttragen im

Seite

Beständige.				Unbeständige.		
fl.	kr.	pf.		fl.	kr.	pf.
3322	29	—		23	26	2
36	22	—		—	—	—
7	12	—		—	—	—
6	30	—		—	—	—
15	—	—		—	—	—
15	—	—		—	—	—
—	—	—		641	2	2
3402	33	—		664	29	—

Einnahmen.

N.

herüber

Amt Falckenfels	139 fl. 15 kr.⎫
• Ascha sub N. 3.	100 fl. 38 kr.⎬
• Ratiszell sub N. 4.	37 fl. 23 kr.⎭

Der Verhörsgefällbetrag beweise Protokolls=
auszug von Michaeli 1777. bis solche Zeit
1787. auf ein Jahr im

5	Amt Falckenfels •	72 fl. 52 kr.⎫
6	• Ascha •	20 fl. 37 kr.⎬
7	• Ratiszell •	23 fl. 29 kr.⎭

8 Vermög Auszug trefen nach 10jähriger
Berechnung auf ein Jahr anzusetzen an

Standgeld •	6 fl. 8 kr. ⎫
Schutzgeld •	19 fl. 56 kr. 2 pf.⎬
Ein = und Auszuggeld	1 fl. 13 kr. ⎭

9 Beweis Auszug sind über die verstifte Gründe,
von der noch vorhandenen Oekonomie zum
Verkauf gebracht worden:

Seite

Beständige.				Unbeständige.		
fl.	kr.	pf.		fl.	kr.	pf.
3402	33	—		664	29	—
—	—	—		277	16	—
—	—	—		166	58	—
—	—	—		27	22	2
3402	33	—		1136	5	2

Einnahmen.

N.

herüber

Weiz 2 Sch. 4 M. 1 V. á 7 fl.

18 fl. 57 kr. 2 pf.

Korn 20 Sch. 1 M. 2 V. á 6 fl.

121 fl. 30 kr.

Somerkorn 3 Sch. — M. 1 V. á 5 fl.

15 fl. 12 kr. 2 pf.

Gersten 4 Sch. 5 M. — V. á 4 fl.

19 fl. 20 kr.

Haaber 7 Sch. 4 M. — V. á 3 fl.

22 fl. 43 kr.

Erbsen — Sch. 4 M. 2 V. á 12 fl.

9 fl.

Der weitschichtig und beträchtliche Zehent ist dermal verstift nur um

10 Um verkauften Flachs, Garn, allerhand Leinwand, dann Werch, und Flachs-Linset kommt vermög Auszug nach 10jähriger Berechnung anzusetzen

Seite

Beständige.			Unbeständige.		
fl.	kr.	pf.	fl.	kr.	pf.
3402	33	—	1136	5	2
—	—	—	806	43	—
—	—	—	1000	—	—
—	—	—	151	19	—
3402	33	—	2474	7	2

Beylag	Einnahmen.

N.	
	herüber ,
Sub N. 1	Wie der 10jährige Auszug sub Nro. 1. beweiset, sind auch Lit. **A.** an verkauften Pferden anzusetzen · 56 fl. — kr. — pf.⎫
	Lit. **B.** an Ochsen 394 fl. 30 kr. — pf.⎪
	Lit. **C.** an Kühen 33 fl. — kr. — pf.⎪
	Lit. **D.** an Kälbern 19 fl. 57 kr. — pf.⎪
	Lit. **E.** an Galdviehe 40 fl. — kr. — pf.⎪
	Lit. **F.** an Schweinmütt. 37 fl. 30 kr. — pf.⎬
	Lit. **G.** an Spanferkeln 8 fl. 9 kr. — kr.⎪
	Lit. **H.** an Frischlingen 77 fl. — kr. — pf.⎪
	Lit. **I.** an Schaafen 17 fl. 30 kr. — pf.⎪
	Lit. **K.** an Woll: 15 fl. 13 kr. — pf.⎪
	Lit. **L.** an Butter 11 fl. 21 kr. — pf.⎭
11	Nach Anzeig 10jährigen Auszugs trefen für verkaufte allerhand Fische, Vi. der verhandenen Besatzung, auszuwerfen · ·
12	

Seite ·

Beständige.			Unbeständige.		
fl.	kr.	pf.	fl.	kr.	pf.
3402	33	—	2474	7	2
—	—	—	710	10	—
—	—	—	440	54	—
3402	33	—	3625	11	2

—•—

Einnahmen.

N.		
		herüber
12	An verkauften Geflüglwerk und Eyern wurden nach 10jähriger Berechnung auf ein Jahr eingenommen	
13	Um verkauftes Kräutlwerk und Obst	
14	Um verkaufte Häut und Fehlwerk	

Bey Gutsanschlägen pflegt man die Waldungen, oder den eingehenden Nutzen ab den verkauften Holz und Streu, nach denselben Einnahmen, sondern nach dem Tagwerk à 4 fl., welches ohnehin der allergeringste Preis ist, anzusetzen.

Nun Falkenfels und Ratiszell besitzt in allem 1288 $\frac{1}{16}$ Tagwerk, oder Juchart 273 ☐ Schuh, folgbar trefen nach obigem Ansatz jährlich 5184 fl. Nutzen auszuwerfen; man will aber dessen ungeachtet vermög

Seite 7

Beständige.			Unbeständige.		
fl.	kr.	pf.	fl.	kr.	pf.
3402	33	—	3625	11	2
—	—	—	37	14	—
—	—	—	197	14	—
—	—	—	5	58	—
3402	33	—	3865	37	2

Einnahmen.

N.	
	herüber
15	beygehenden 1ojährigen Auszuges aus den Forstrechnungen nur dasjenige in Ansatz bringen, , was jährlich ohne Schaden der Waldungen genützt worden zu
16	Inhalt Auszug sind um verkauftes Feder, und anderes Wildprät nach 1ojähriger Erträgniß anzusetzen
17	Um verkauften Zieglzeug und Kalk wurden Vi. 1ojährigen Auszuges auf ein Jahr eingenommen
18	Der Bräuhaus , Nutzen beträgt vermög bey, stehenden 1ojährigen Auszuges , und hie, nach ständigen Geldeinnahme und Ausgabt, Rechten auf ein Jahr *

* Die Anmerkung in der Beylage Nr. 18. am Ende ist über den Bräuhaus Nutzen einzusehen.

Seite

Beständige.				Unbeständige.		
fl.	kr.	pf.		fl.	kr.	pf.
3403	33	—		3865	37	2
—	—	—		4156	4	—
—	—	—		23	17	3
—	—	—		549	1	—
—	—	—		4566	19	3
3403	33	—		13158	20	—

—❦—

Beylag

Einnahmen.

N.	
	herüber
19	Um verkaufte Asche
20	Und die bey vorstehenden Rubriken keinen Theil habende verschiedene Einnahmen betragen nach 10jährigem Durchschnitt auf ein Jahr

Summa aller Einnahmen

Wird nun der beständige Gulden zu 50 und der unbeständige zu 25 landsgebräuchiger Anschlag; so ergiebt sich ein zuverlässiger Kapitalswerth zu

Beständige.			Unbeständige.		
fl.	kr.	pf.	fl.	kr.	pf.
3402	33	—	13158.	10	—
—	—	—	1	2	—
—	—	—	67	1	2
3402	33	—	13226	23	2

16832 fl. 56 kr. 2 pf.

Beständige.			Unbeständige.		
102076	30	—	330659	47	2

432736 fl. 17 kr. = pf.

Ausgaben.

N.

Da die auf vorstehende Einnahms-Rubriken
Bezug habende Ausgaben obschon abgezogen, und nur jenes in Einnahm gesetzet
worden, was über Abzug der Ausgaben
übrig verblieben ist, so kommen nur mehr
in Ausgab zu entwerfen

Die 2 Rittersteuern mit   ,   ,   ,

Die dem Pfarrer zu Ascha für den gepacht
beständigen Zehent alle Jahr zu bezahlen
kommenden   ,   ;   ,   ,   ;

Die dem Beamten, neben denen bereits
in Abzug gebrachten Naturalien, und gegen Verrechnung aller anfallenden Gerichts-
sporteln, trefende   ,   ;   ,   ,

Dem Amtsschreiber   ,   ,   ,   ;

Dem Gerichts Dr. dessen Sporteln gleich-
falls verrechnet werden, und weil auch dessen Naturalien schon in Abzug gekommen
sind   ,   ,   ;   ;   ,   ,   ,

Seite

Beständige.			Unbeständige.		
fl.	kr.	pf.	fl.	kr.	pf.
86	50	—	—	—	—
20	—	—	—	—	—
300	—	—	—	—	—
96	—	—	—	—	—
104	—	—	—	—	—
606	50	—	—	—	—

Ausgaben.

N.

herüber

Der Hofbaur, Ochsen, Pferdknecht, und Pferdbub, und Mägde haben neben schon in Abzug gekommenen Naturalien an Geld zu genießen , , , , ,

Ab 3 Sch. 3½ M. Spendforn á 6 fl. ,

21 Auf Feld- und Wiesenarbeit, Salzfothen und Fuhrlöhner, Kerzen und Seifen, dann Zöhrungen und Postgelder betragen vermög 10jährigen Auszuges die Ausgaben auf ein Jahr , ; , , ,

22 Und die sämmtlichen Handwerksleuthe erfordern Inhalt 10jährigen Auszuges auf ein Jahr zu bezahlen , ; , ,

Summa aller Ausgaben ,

Den gewissen Gulden zu 30 und den ungewissen zu 25 landsgebräuchigen Anschlägen betragt die Ausgabshauptsache , ;

Beständige.			Unbeständige.		
fl.	fr.	pf.	fl.	fr.	pf.
606	50	—	—	—	—
113	12	—	—	—	—
21	9	—	—	—	—
—	—	—	178	19	2
—	—	—	173	2	—
741	11	—	351	21	2

1092 fl. 32 fr. 2 pf.

22235	30	—	8783	57	2

31019 fl. 27 fr. 2 pf.

Wenn von der vorstehenden Einnahms-
Ertrag, oder Kapitalsfumme zu

432736 fl. 17 kr. 2 pf.

Die Ausgabshauptfache abgezogen wird, mit

31019 fl. 27 kr. 2 pf.

So bezeigt sich, daß der wahre Gutswerth besteht in   401716 fl. 50 kr. — pf.

Dareingaben.

Erstens das ganz neuerbaute dauer-
hafte, weitschichtige, auf einer Anhöhe mit der
reizendsten Aussicht versehene schöne Schloß,
und dabey befindliche Meublen.

Zweytens die Beamtens Wohnung.

Drittens das ganz neuerbaute mit aller
Bequemlichkeit versehene durchaus gewölbte mit
Marmor gepflasterte Bräushaus, Wasserleitung,
Kupfernen Bier- und Hopfenpfan, Maischbo-
ding, zwey Kühlen, Gähr: Winter und Som-
mer-Bierkellers, dann was sich zum Biersieden
gehöriges allda befindet.

Bier-

Viertens die gewölbten zwey Pferd-
stallungen.

Fünftens das Hofgebäu, worinn der
Hofbauer mit sämmtlichen Dienstbothen wohnen.

Sechstens die geraumige Ochsen-
Kühe- Galdviehe- Kälber- Schaaf- und Schwein-
stallungen.

Siebentens der grosse Stadl, und
daran gebaute Schupfen.

Achtens der verhandene schöne grosse
Lust-Blumen- Kräuter- und Wurzgarten; item
das darinn befindliche Gärtner, sonderbar verhandene Lust- oder Sommerhaus, dann Kugl-
und Schießstadt.

Neuntens ein neuangelegter englischer
Garten.

Zehentens der zu Aufbewahrung der
Bier- und anderen Fässer, dann übrigen Bräu-
geschier, ganz neuerbaute Stadl, und Bauholz-
Remiß.

Eilftens die Gerichtsdienerswohnung.

J   Zwölf-

Zwölftens die ganz neuerbaute Mühle, auf welcher alles Malz zum Süden gebrochen, auch anderes Getreid nothdürftig gemahlen werden kann.

Dreyzehentens die über die verstifte Gründe bey der Oekonomie noch vorhandene Wiesen, welche allein noch 55 Tagwerk betragen, wie auch alles Huf = Horn = Klo = und Federviehe, dann sämmtliche Haus = und Baumannsfahrniß.

Vierzehentens alle verhandene Materialresten, wie sie immer Namen haben.

Fünfzehentens die in sämmtlichen Weyern befindlichen Fische.

Sechszehentens der zu Ascha ganz neuerbaute Ziglstadl, Ziegl = und Kalkofen, dann Ziglwohnung und Materialstädl.

Siebenzehentens das Präsentationsrecht auf die Pfarr Ascha, und

Acht

Achtzehentens das Präsentationsrecht auf das Beneficium zu Heilbrunn bey
Viecht.

Alle übrigen wegen ihrer Verschiedenheit
willen noch verhandene unbeträchtliche Eingaben
werden gar nicht bemerkt.

Jos. Maria Reichsfreyherr
v. Weichs.

Auszug

aus denen Natural- und Geldrechnungen,
Brief- Verhör- und Inventurebüchern,
Forst- Scharwerk und andern Registern
der reichsfreyherrlich weichsischen Herrschaft Falkenfels, Ascha und Ratiszell
von Michaeli 1777. bis solche Zeit 1787.
Extrahirt vom 1. bis 26. Hornung 1792.

Einnahm an Pferden.		Ausgab an Pferden.	
Nr. 1.	Stü-		Stü-
Lit. A.	cke.		cke.
1778	6	1778	—
1779	1	1779	1
1780	1	1780	—
1781	2	1781	1
1782	2	1782	1
1783	1	1783	1
1784	2	1784	—
1785	1	1785	1
1786	1	1786	—
1787	1	1787	6
Summe ,	18	Summe :	11
Ausgab ,	11		

Sind also zum Verkauf
gebracht worden   7
jedes Stück 80 fl. macht
auf 10 Jahr eine Geldein-
nahme   560 fl.
Trift also auf einen Jahrgang anzusetzen   56 fl.

Einnahm an Ochsen.		Ausgab an Ochsen.	
	Stü-cke.		Stü-cke.
Lit. B.			
1778	43	1778	—
1779	1	1779	—
1780	4	1780	1
1781	—	1781	—
1782	2	1782	—
1783	2	1783	—
1784	16	1784	—
1785	19	1785	—
7186	12	1786	—
1787	19	1787	23
Summe ╷	118	Summe ╷	24
Ausgab ╷	24		

Zum Verkauf ſind alſo gebracht worden ╌ ╌ 94

Da nun über Abzug der in der Amtsrechnung verrechneten Ausgaben noch 3945 fl. zur Einnahm übrig verblieben ſind, ſo ergiebt ſich, daß iedes Stück um 42 fl. 30 kr. verkauft, und auf 10 Jahr zur Einnahme erobert worden, bemelte 3945 fl.

Wovon alſo auf einen Jahrgang trift
394 fl. 30 kr.

Einnahm an Kühen.		Ausgab an Kühen.	
Lit. C.	Stücke.		Stücke.
1778	29	1778	—
1779	—	1779	—
1780	1	1780	1
1781	—	1781	1
1782	1	1782	—
1783	4	1783	—
1784	2	1784	—
1785	3	1785	—
1786	—	1786	—
1787	6	1787	11
Summe	46	Summe	13
Ausgab	13		

Sind also zum Verkauf gebracht worden , 33

Da jedes Stück nach Anzeige der Rechnung zu 10 · 12 bis 14 fl. verkauft worden, so wird doch nur pr. Stück 10 fl. ab 33 Kühen aber auf 10 Jahr angesetzt 330 fl. Wovon auf einen Jahrgang kömmt 33 fl.

Einnahm an Kälbern.			Ausgab an Kälbern.	
	Stücke.			Stücke.
Lit. D.				
1778	31		1778	17
1779	16		1779	4
1780	13		1780	7
1781	16		1781	1
1782	15		1782	3
1783	11		1783	9
1784	6		1784	14
1785	8		1785	8
1786	6		1786	6
1687	12		1787	8
Summe	134		Summe	77
Ausgab	77			
Also sind verkauft worden	57			

Das Stück zu 3 fl. 30 kr. betragt in Summe

199 fl. 30 kr.

Folgbar auf ein Jahrgang 19 fl. 57 kr.

Einnahm an Galdviehe.	Stücke.	Ausgab an Galdviehe.	Stücke.
Lit. E.			
1778	32	1778	26
1779	—	1779	—
1780	7	1780	3
1781	—	1781	—
1782	—	1782	—
1783	—	1783	—
1784	13	1684	1
1785	8	1785	2
1786	4	1786	1
1787	7	1787	18
Summe ,	71	Summe ,	51
Ausgab ,	51		

Also zum Verkauf ver-
blieben   ,   ,   20

Welche à 20 fl. abwer-
fen   400 fl.

Mithin kömmt auf 1
Jahrgang anzusetzen
          40 fl.

Einnahm an Schweinsmüttern und Gailbeeren.	Stücke.	Ausgab an Schweinsmüttern und Gailbeeren.	Stücke.
Lit. F.			
1778	11	1778	—
1779	1	1779	1
1780	—	1780	—
1781	3	1781	1
1782	1	1782	1
1783	—	1783	—
1784	2	1784	—
1785	2	1785	—
1786	—	1786	—
1787	4	1787	6
Summe ,	24	Summe :	9
Ausgab ,	9		
Wurden verkauft ,	15		

Welche á 25 fl. in Geld auf 10 Jahr abwerfen   375 fl.

Auf einen Jahrgang also anzusetzen kommen ,   37 fl. 30 kr.

Einnahm an Spanferkeln.			an Ausgab Spanferkeln.	
	Stücke.			Stücke.
Lit. G.				
1778	71		1778	29
1779	52		1779	23
1780	35		1780	—
1781	41		1781	35
1782	55		1782	55
1783	45		1783	—
1784	44		1784	44
1785	36		1785	36
1786	41		1786	35
1787	36		1787	36
Summe ,	456		Summe :	293
Ausgab ,	293			
Sind also verkauft wor, den , , ,	163			

Das Stück zu 30 kr. macht also auf 10 Jahr in Geld 81 fl. 30 kr.

Und also auf einen Jahr, gang 8 fl. 9 kr.

Einnahm an Frischlingen.		Ausgab an Frischlingen.	
	Stücke.		Stücke.
Lit. H.			
1778	21	1778	—
1779	14	1779	2
1780	35	1780	—
1781	31	1781	3
1782	46	1782	3
1783	37	1783	1
1784	43	1784	2
1785	34	1785	1
1786	32	1786	—
1787	34	1787	7
Summe :	327	Summe :	19
Ausgab :	19		

Sind also zum verkaufen kommen , : 308

Jedes Stück im geringsten Anschlag zu 2 fl. 30 kr. anzusetzen, werfen diese auf 10 Jahr in Geld ab 770 fl.

Und auf einen Jahrgang 77 fl.

Einnahm an Schaafen.	Schaaf.		Lämmer.	
	Mutter.	Widder.	Mutter.	Widder.
	Stücke.	Stücke.	Stücke.	Stücke.
Lit. I.				
1778	11	1	4	6
1779	7	—	10	6
1780	—	—	10	8
1781	—	—	11	16
1782	—	—	—	—
1783	—	—	—	—
1784	—	—	—	—
1785	—	—	—	—
1786	—	—	—	—
1787	—	—	—	—
Summe,	18	1	35	36
	35	36		
Ausgab,	51	37		
	2	9		
Wurden verkauft,	49	28		

Jedes Mutterschaaf
zu 2 fl., und jeden
Widder zu 2 fl. 45
kr. angesezt, wirft
sich auf 10 Jahr eine
Geldeinnahme her-
aus   175 fl.
Und auf 1 Jahrgang
17 fl. 30 kr.

Ausgab an Schaasen.	Schaaf.		Lämmer.	
	Mütter.	Widder.	Mütter.	Widder.
	Stücke.	Stücke.	Stücke.	Stücke.
1778	—	—	—	1
1779	2	5	—	—
1780	—	—	—	3
1781	—	—	—	—
1782	—	—	—	—
1783	—	—	—	—
1784	—	—	—	—
1785	—	—	—	—
1786	—	—	—	—
1787	—	—	—	—
Summe	2	5	—	4
	—	4		
	2	9		

	Einnahm an Woll.				Ausgab an Woll.	
		Centen.	Pfund.			Centen.	Pfund.
Lit. K.							
	1778	—	26		1778 ⎫		
	1779	—	73		1779 ⎪		
	1780	—	95		1780 ⎪		
	1781	—	32		1781 ⎪		
	1782 ⎫				1782 ⎫		
	1783 ⎪				1783 ⎬ —	—
	1784 ⎬ —	—		1784 ⎪		
	1785 ⎪				1785 ⎪		
	1786 ⎪				1786 ⎪		
	1787 ⎭				1787 ⎭		
Summe der verkauft wordenen , ,		2	26				

Jedes Pfund zu 36 kr. angesetzt, macht auf 10 Jahr die Geldeinnahme 152 fl. 16 kr.

Und auf einen Jahrgang 15 fl. 13 kr.

	Einnahm an Butter.				Ausgab an Butter.		
Lit. L.		Centen.	Pfund.			Centen.	Pfund.
	1778	1	5		1778	—	—
	1779	—	77		1779	—	—
	1780	—	—		1780	—	—
	1781	2	59		1781	1	99
	1782	2	47		1782	2	21
	1783	2	95		1783	2	49
	1784	2	26		1784	1	53
	1785	3	17		1785	2	63
	1786	2	91		1786	2	24
	1787	3	63		1787	3	3
	Summe ,	21	80	Summe ,	16	12
	Ausgab ,	16	12			

Wurden also verkauft , 5 68

Das Pfund zu 12 kr. gerechnet, macht eine Geldeinnahme auf 10 Jahr 113 fl. 36 kr.

Und auf einen Jahrgang 11 fl. 21 kr.

Einnahm an Schmalz.			Einnahm an Schmalz.		
Lit. M.	Centen.	Pfund.		Centen.	Pfund.
1778	10	92	1778	—	81
1779	10	59	1779	—	61
1780	10	45	1780	—	82
1781	11	4	1781	—	97
1782	11	26	1782	1	55
1783	11	54	1783	1	36
1784	10	79	1784	1	31
1785	11	66	1785	1	50
1786	11	27	1786	1	39
1787	12	12	1787	1	33
Summe ,	111	44	Summe ,	11	65
Ausgab ,	11	65			

	Centen.	Pfund.
Sind also verkauft worden , ,	99	79

Ungeachtet die Unterthanen das Pfund Dienstschmalz zu 20·22·24 kr. bezahlt haben, mithin andere Käufer das Pf. noch theurer bezahlen müssen, so wird doch nur pr. Pfund 18 kr. in Geld, also auf 10 Jahr angesetzt 2993 fl. 42 kr. Wovon auf einen Jahrgang trift 299 fl. 22 kr.

Einnahm

an

Erbrechts = und Briefgefällen.

K

Einnahm.	Amt Falkenfels.						Amt		
	An Erbrechtsgefällen.			An Briefgefällen.			An Erbrechtsgefällen.		
Nr. 2. 3. & 4.	fl.	kr.	pf.	fl.	kr.	pf.	fl.	kr.	pf.
1778	621	49	2	295	14	—	133	56	2
1779	218	17	2	146	20	—	446	33	—
1780	228	18	3	157	1	—	13	42	—
1781	148	34	—	118	21	2	262	44	—
1782	120	18	2	80	44	2	181	14	—
1783	258	23	3	83	36	—	68	34	—
1784	231	7	2	122	4	—	672	30	2
1785	215	1	—	123	16	—	283	15	2
1786	317	14	—	155	49	2	596	16	2
1787	284	41	—	110	11	—	141	21	—
Summe:	2643	45	2	1392	37	2	2800	7	—
Wovon also auf einen Jahrgang trift:	264	22	2	139	15	—	280	—	—

Afcha.			Amt Ratisgell.					
An Briefge fällen.			An Erbrechtsge fällen.			An Briefge fällen.		
fl.	fr.	pf.	fl.	fr.	pf.	fl.	fr.	pf.
115	7	—	98	33	2	46	22	—
229	12	2	116	6	5	42	19	3
29	8	2	—	—	—	4	42	—
41	54	—	156	33	—	67	27	—
47	26	3	143	58	2	37	59	2
27	8	—	—	—	—	10	14	2
159	7	—	45	28	—	35	28	2
95	23	—	—	—	—	—	—	—
127	38	—	—	—	—	12	58	—
134	19	2	396	4	3	116	15	—
1006	24	1	966	44	2	373	51	1
100	38	—	96	40	—	37	23	—

K 2

Verhörsgefälle.

Einnahm. Nr. 5. 6. & 7.	fl.	kr.	pf.	fl.	kr.	pf.	fl.	kr.	pf.
1778	170	10	2	164	6	1	32	42	/
1779	50	27	—	53	26	3	63	52	2
1780	122	33	3	100	47	—	16	16	—
1781	55	26	3	72	52	1	16	59	2
1782	90	31	1	35	58	1	31	13	
1783	43	21	—	41	57	1	6	14	—
1784	54	25	3	68	1	—	19	33	—
1785	32	5	3	57	44	—	12	5	2
1786	29	10	1	45	31	2	11	33	2
1787	80	33	—	65	48	2	24	26	2
Summe :	728	45	—	706	12	3	234	55	2
Trift also auf einen Jahrgang :	72	52	—	70	37	—	23	29	—

Einnahme.	An Standgeld.			An Schutzgeld.			An Ein- und Auszuggeld.		
	fl.	kr.	pf.	fl.	kr.	pf.	fl.	kr.	pf.
Nr. 8.									
1778	4	34	—	25	—		1	8	2
1779	2	11	—	25	45		—	51	—
1780	6	44	—	24	45		1	8	—
1781	8	14	—	17	—		2	42	
1782	4	17	—	18	—		—	25	2
1783	8	16	—	16	25		—	25	2
1784	6	32	—	18	15		—	25	2
1785	6	37	—	16	—		—	25	2
1786	5	18	—	17	—		4	40	—
1787	8	59	—	21	15		—	51	—
Summe :	61	22	—	199	25	—	13	2	2
Trifft also auf einen Jahrgang	6	8	—	19	56	2	1	18	—

— o —

Getreid-Einnahmen.	Weitz.			Winter-korn.		
	Schffl.	Metz.	Viertl.	Schffl.	Metz.	Viertl.
Nr. 9.						
1778	19	3	$\frac{1}{4}$	259	2	3 $\frac{1}{2}$
1779	9	1	3	268	4	1
1780	13	3	3	253	2	1
1781	6	—	3	171	1	1
1782	8	2	3	161	4	1
1783	5	1	3	133	4	3
1784	3	3	3	126	1	1
1785	3	2	3	168	5	1
1786	4	4	3	119	4	1
1787	6	5	3	171	2	1
Summe :	81	2	2 $\frac{1}{4}$	1834	2	2 $\frac{1}{2}$

Sommer-korn.			Gersten.			Haaber.			Erbsen.		
Schffl.	Metz.	Viertl.	Schffl.	Metz.	Viertl.	Schffl.	Metz.	Viertl.	Schffl.	Metz.	Viertl.
15	—	1	16	5	—	378	3	2	12	—	1
12	4	—	24	—	—	139	3	—	3	—	—
13	4	—	19	5	—	210	5	—	1	4	—
5	5	—	6	5	—	182	—	—	—	4	—
—	—	—	8	3	—	136	—	—	1	3	2
—	—	—	9	1	2	135	0	—	1	1	—
—	—	—	2	4	—	140	1	—	1	—	—
1	3	—	1	2	—	104	2	—	1	4	—
2	1	—	1	4	—	122	3	—			
3	3	—	1	4	2	152	—	—			
54	2	1	92	3	4	1701	2	2	21	1	3

Getreid-Ausgaben.	Weiß.			Winter-korn.		
	Schffl.	Meß.	Viertl.	Schffl.	Meß.	Viertl.
1778	7	2	3	181	4	1
1779	7	4	1	193	4	2
1780	4	1	3	149	—	3
1781	4	3	1	147	1	2
1782	5	4	2	214	3	3
1783	3	2	2	117	1	1
1784	6	3	2	115	3	2
1785	2	5	2	134	5	—
1786	2	1	—	117	—	2
1787	4	3	2	123	4	—
Summe =	49	2	2	1494	5	—
Wird nun von der 10jäh-rigen Einnahme, die 10jährige Ausgab abge-zogen; so bezeigt sich, daß zum Verkauf ge-bracht worden sind =	32	—	$\frac{1}{4}$	339	3	2
Trift also auf einen Jahr-gang = = = =	3	1	$\frac{4}{5}$	33	5	3
Davon kömmt das Dienst-getreid unter die beständ-dige Einnahme zu setzen mit = = =	—	2	3	13	4	1
Und in die unbeständige Einnahme wird vorge-tragen = = = =	2	4	$1\frac{4}{5}$	20	1	2
Thut obige = = = =	3	1	$\frac{4}{5}$	33	5	3

Sommer-korn.			Gersten.			Haaber.			Erbsen.		
Schäft.	Meß.	Viertl.	Schäft.	Meß.	Viertl.	Schäft.	Meß.	Viertl.	Schäft.	Meß.	Viertl.
5	5	—	6	3	2	96	6	2	3	2	—
4	—	—	6	3	2	115	4	2	3	3	3
2	4	—	11	4	1	103	5	2	1	3	3
—	—	—	6	3	2	113	—	1	—	3	—
—	—	—	4	—	3	129	6	1	—	3	—
5	5	—	—	2	—	98	5	3	1	—	2
—	—	—	2	4	—	104	—	3	1	—	2
1	1	—	1	1	—	95	2	3	1	1	—
2	3	—	1	4	—	99	—	3	—	1	—
2	—	—	3	—	2	111	2	3	—	3	—
24	—	—	44	1	—	1054	—	1	13	2	2
30	2	1	48	2	2	647	2	1	7	4	1
3	—	1	4	5	$\frac{1}{5}$	64	5	$\frac{1}{2}$	—	4	$2\frac{1}{2}$
—	—	—	—	—	—	57	1	—	—	—	—
3	—	1	4	5	$\frac{1}{5}$	7	4	$\frac{1}{2}$	—	4	$2\frac{1}{2}$
3	—	$\frac{4}{5}$	4	5	$\frac{1}{5}$	64	5	$\frac{1}{2}$	—	4	$1\frac{1}{2}$

Einnahm an Flachs.	Centen.	Pfund.		Ausgab an Flachs.	Centen.	Pfund.
Nr. 10.						
1778	2	4		1778	—	75
1779	—	53		1779	—	25
1780	—	40		1780	—	40
1781	—	51		1781	—	51
1782	—	70		1782	—	69
1783	—	42		1783	—	31
1784	—	55		1784	—	62
1785	1	34		1785	—	72
1786	—	98		1786	—	87
1787	1	14		1787	—	62
Summe	8	61		Summe	5	74

Uiber Abzug der Ausgaben sind also zum Verkaufe gebracht worden . . . 2 | 87

Einnahm an Flächsenen Garn.			Ausgab an Fläch- senen Garn.		
	Centen.	Pfund.		Centen	Pfund.
1778	1	57	1778	—	89
1779	—	—	1779	—	38
1780	—	26	1780	—	26
1781	—	40	1781	—	40
1782	—	63	1782	—	55
1783	—	21	1783	—	20
1784	—	—	1784	—	—
1785	—	68	1785	—	68
1786	—	84	1786	—	83
1787	—	54	1787	—	53
Summe	5	13	Summe	4	72

Die Ausgabe von der Einnahme abgezogen bezeigt sich zum Ver- kauf   — 41

Einnahm an Fläch-sener Leinwand.		Ausgab an Fläch-sener Leinwand.	
	Ellen		Ellen.
1778	293	1778	25
1779	169	1779	22
1780	65	1780	—
1781	171	1781	45
1782	118	1782	19
1783	29	1783	40
1784	162	1784	33
1785	121	1785	35
1786	180	1786	42
1787	120	1787	17
Summe	1428	Summe	278
Uiber Abzug der Ausgaben verbleiben zu verkaufen übrig	1150		

Einnahm an Tischzeug.	Ellen.	Ausgab an Tischzeug.	Ellen.
von 1778 bis 1787	—	von 1787 bis 1787	—

Einnahm an Gingäng.	Ellen.	Ausgab an Gingäng.	
1778 und bis 1787	8● —	von 1778 bis 1787	—
Summe zum Verkauf	80		—

— o —

Einnahm an Kellisch.		Ausgab an Kellisch.	
	Ellen		Ellen
1778	42	1778	1
1779	—	1779	—
1780	52	1780	—
1781	—	1781	31
1782	32	1782	23
1783	21	1783	28
1784	—	1784	—
1785	—	1785	14
1786	—	1786	—
1787	—	1787	—
Summe ·	147	Summe ·	97

Uiber Abzug der Ausgaben wurden also verkauft · · · 50

Einnahm an Bethfederit.		Ausgab an Beth- federit.	
	Ellen		Ellen
1778	47	1778	1
1779	22	1779	—
1780	42	1780	13
1781	—	1781	4
1782	—	1782	11
1783	—	1783	20
1784	—	1784	—
1785	—	1785	—
1786	—	1786	—
1787	—	1787	—
Summe .	111	Summe ,	49

Uiber Abzug der Aus-
gaben, sind also zum
Verkauf kommen . . | 62

—o—

Einnahm an Leinwerch.					Ausgab an Leinwerch.		
	Centen.	Pfund.				Centen.	Pfund.
1778	1	30			1778	—	5
1779	—	70			1779	—	70
1780	—	10			1780	—	10
1781	—	—			1781	—	—
1782	—	17			1782	—	17
1783	—	—			1783	—	—
1784	—	—			1784	—	—
1785	—	—			1785	—	—
1786	—	80			1786	—	80
1787	—	—			1787	—	—
Summe ·	3	7			Summe :	1	82
Nach Abzug der Ausgab sind zum Verkauf geblieben ·	1	25					

Einnahm an leinwerchenen Garn.	Centen.	Pfund.	Ausgab an leinwerchenen Garn.	Centen.	Pfund.
1778	1	26	1778	1	5
1779	—	56	1779	—	77
1780	—	—	1780	—	—
1781	—	—	1781	—	—
1782	—	16	1782	—	16
1783 bis 1785	—	—	1783 bis 1785	—	—
1786	—	78	1786	—	74
1787	—	—	1787	—	—
Summe ,	2	76	Summe ,	2	72
Defalcando zum Verkauf geblieben ,	—	4			

L

Einnahm an leinwerchener Leinwand.		Ausgab an leinwerchener Leinwand.	
	Ellen.		Ellen.
1778	262	1778	35
1779	161	1779	—
1780	61	1780	11
1781 bis		1781	20
1785	—	1782	5
1786	120	1783 bis	
1787	—	1787	—
Summe ,	604	Summe ,	71

Von der Einnahm die Ausgaben abgezogen, bezeigt sich zum Verkauf : : : 533

Einnahm an Rauhwerch.				Ausgab an Rauhwerch.		
	Centen.	Pfund.			Centen.	Pfund.
1778	4	—		1778	4	—
1779	3	62		1779	3	62
1780	—	90		1780	—	90
1781	—	82		1781	—	82
1782	1	83		1782	1	83
1783	1	13		1783	1	8
1784	—	—		1784	—	—
1785	2	51		1785	2	53
1786	—	95		1786	—	98
1787	2	89		1787	2	2
Summe ·	18	64		Summe ·	17	78

Die Ausgab wegge-
rechnet blieben zum
Verkauf · · | — | 86

L 2

— o —

Einnahm an rauhwerchenen Garn.	Centen.	Pfund.		Ausgab an rauhwerchenen Garn.	Centen.	Pfund.
1778	2	98		1778	2	98
1779	2	62		1779	2	62
1780	—	54		1780	—	54
1781	—	56		1781	—	56
1782	1	64		1782	2	64
1783	—	81		1783	—	78
1784	—	—		1784	—	—
1785	2	39		1785	2	32
1786	—	85		1786	—	66
1787	2	2		1787	2	27
Summe ,	14	41		Summe ,	14	37
Über Abzug der Ausgab sind zum Verkauf verblieben ,	—	4				

Einnahm an rauhwerchener Leinwand.		Ausgab an rauhwerchener Leinwand.	
	Ellen.		Ellen.
1778	411	1778	82
1779	275	1779	38
1780	32	1780	7
1781	30	1781	33
1782	250	1782	20
1783	60	1783	57
1784	90	1784	23
1785	358	1785	110
1786	91	1786	83
1787	181	1787	65
Summe .	1778	Summe .	518
Decordando sind zum Verkauf kommen .	1260		

Einnahm an Zwilk.		Ausgab an Zwilk.	
	Ellen.		Ellen.
1778	178	1778	23
1779	196	1779	82
1780	49	1780	25
1781	7	1781	32
1782	30	1782	17
1783	33	1783	25
1784	31	1784	37
1785	—	1785	17
1786	—	1786	6
1787	92	1787	3
Summe :	**616**	**Summe :**	**267**
Uiber Abzug der Ausgaben sind verkauft worden : :	349		

Einnahm an Akampen.	Ellen.	Ausgab an Akampen.	Ellen.
1778	61	1778	—
1779	—	1779	61
1780	—	1780	—
1781	—	1781	—
1782	22	1782	22
1783	24	1783	12
1784	—	1784	—
1785	16	1785	15
1786	—	1786	—
1787	—	1787	—
Summe ,	123	Summe ,	110
Die Ausgab abgezogen, verbleiben ,	13		

Einnahm an Flachs-Linset.					Ausgab an Flachs-Linset.		
	Schaff.	Metzen.	Vierl.			Schaff.	Metzen.	Vierl.
1778	4	3	—	1778	1	3	
1779	5	—	—	1779			
1780	—	—	—	1780		3	3
1781	—	—	—	1781	—	—	
1782	1	3	—	1782	1	2	2
1783	1	1	2	1783	1		
1784	—	—	—	1784	—	—	
1785	1	—	—	1785	—	5	
1786	1	5	—	1786	•	2	
1787	—	—		1787	•	3	
Summe :	15	—	2	Summe :	6	1	1
Von der Einnahm die Ausgaben abgezogen, verbleiben :	8	5	1				

Einnahm an Geld
um verkauften Flachs, Garn und Leinwand.

	fl.	kr.	pf.
Laut vorstehender Materialrechnung sind ab 282 Pfund feingehächelten Flachs á 30 kr. baar eingegangen	143	30	—
Ab 41 Pfund fein flächsenen Garn á 50 kr.	34	10	—
, 1150 Ellen fein flächsener Leinwand á 36 kr.	690	—	—
, 80 Ellen fein Gingäng á 40 kr.	53	20	—
, 50 Ellen Kellisch á 40 kr.	33	20	—
, 62 Ellen Bethsederit á 50 kr.	51	40	—
, 125 Pfund Leinwerch á 10 kr.	20	50	—
, 4 Pfund leinwerchenen Garn á 15 kr.	1	—	—
, 533 Ellen leinwerchener Leinwand á 12 kr.	106	36	—
, 68 Pfund Rauchwerch á 8 kr.	11	28	—
, 4 Pfund rauhwerchenen Garn 10 kr.	—	40	—
Seite	1146	34	—

	fl.	kr.	pf
herüber	1146	34	—
Ab 1260 Ellen rauhwerchener Lein-wand á 9 kr.	189	—	—
- 349 Ellen Zwilk á 20 kr.	116	20	—
- 13 Ellen Akampen á 6 kr.	1	18	—
- 8 Schafl 5 Mezen 1 Vier-ling Flachs-Linset á 12 fl.	101	15	—
Summe	1554	27	—
Von dieser Einnahme die nachste-hende Ausgabe abgezogen, so bezeigt sich, daß auf 10 Jahr übrig verblieben	1313	18	—
Wovon also auf einen Jahrgang trift	131	19	—

Ausgab an Geld
auf Flachs, Garn und Leinwand.

	fl.	fr.	pf.
1778	27	55	—
1779	26	49	—
1780	27	48	—
1781	8	48	—
1782	31	45	—
1783	11	48	—
1784	20	18	—
1785	36	15	—
1786	22	3	—
1787	33	40	—
Summe	241	9	—

Empfang

aus den Weyern oder Teichen.

Nr. 11.

	Forellen.	Rutten.
Vermög Rechnung 1778	—	20
1779	—	12
1780	45	5
Inhalt Fischbüchel 1781	—	—
1782	—	—
1783	—	—
1784	—	—
1785	—	—
1786	—	—
1787	—	2
Summe	45	39

Scheiden.	Hechten.	Karpfen.				Nerpflinge.
		Väter.	Kauf.	Setzlinge.	Brutt.	
9	123	22	1307	3625	7215	—
24	247	30	654	1394	2320	203
373	251	2	1249	1930	6950	232
568	250	4	1872	1900	3200	95
125	125	—	796	856	85	1
122	151	11	677	1302	2140	34
175	118	—	594	1146	668	16
491	14	17	340	419	2980	1
245	—	—	30	1170	1688	118
111	131	5	526	785	2019	—
1843	1410	91	8045	14527	29265	700

—o—

Abgab zur Besatzung.

	Forellen.	Rutten.
1778	—	20
1779	—	—
1780	—	—
1781	—	—
1782	—	14
1783	—	—
1784	—	—
1785	—	—
1786	—	—
1787	—	2
Summe :	—	36

Uiber Abzug der Besatzung, welche in den Teichen bleibt, bezeigt sich, daß zum Verkauf gebracht worden sind   ;   ;   ;   45   3

| Scheiden. | Hechten. | Karpfen. | | | | Merthlinge. |
		Väter.	Rauf.	Setzling.	Brutt.	
7	120	—	—	4356	935	—
49	35	30	—	3033	3960	2
24	152	8	—	1701	742	99
368	100	—	—	1372	1300	65
89	86	11	—	774	718	9
82	2	7	—	835	780	8
171	60	6	—	1119	668	27
147	3	4	—	726	60	144
239	—	—	—	1160	1640	114
F 16	121	5	—	785	2019	—
1192	679	71	—	15861	12872	468
651	731	20	8045	—	16393	232

—o—

Einnahm an Geld um verkaufte Fische.

	fl.	kr.	pf.
Die 45 Forellen á 12 kr. betragen	9	—	—
Die 3 Rutten, jede zu 2 Pfund á 20 kr.	2	—	—
Ob zwar die Scheiden pr. Stücke 12 14 und 18 Pfund beym Verkauf gehabt, so werden doch nur ab 651 Stück á 10 Pfund, macht 6010 Pfund nach 12 kr. angesetzt	1202	—	—
Hechten 731 Stück á 4 ist 2924 Pfund zu 10 kr.	487	20	—
Väter 20 Stück á 8 macht 160 Pfund zu 8 kr.	21	20	—
Kaußkärpfen 8045 Stück á 3 macht 24135 Pfund zu 7 kr.	2815	45	—
Die 16393 Stück Brutt á 2 pf.	136	36	—
Und die 232 Nerphling á 2 machen 464 Pfund zu 6 kr.	46	24	—
Summe	4720	25	—
Über Abzug der Ausgaben verbleiben	4409	8	—
Wovon auf einen Jahrgang trift	440	54	—

Ausgab auf Fischerey.

	fl.	kr.	pf.
1778	—	—	—
1779	10	33	—
1780	27	48	—
1781	30	4	—
1782	36	3	—
1783	28	46	—
1784	16	32	—
1785	38	48	—
1786	39	—	—
1787	83	43	—
Summe	311	17	—

M

—●—

Einnahm an Eyern.		Ausgab an Eyern.	
Nr. 12.	Stücke.		Stücke.
1778	642	von 1778 bis 1780	—
1779	1030	1781	620
1780	—	1782	292
1781	1620	1783	189
1782	1412	1784	325
1783	1309	1785	147
1784	1212	1786	150
1785	911	1787	160
1786	1012		
1787	1230		
Summe :	12378	Summe :	1883
Ueber Abzug der Ausgaben, wurden verkauft :	10495		

Einnahm an jungen Hühnern.		Ausgab an jungen Hühnern.	
	Stücke.		Stücke.
1778	45	1778	31
1779	19	1779	19
1780	23	1780	—
1781	166	1781	72
1782	118	1782	67
1783	134	1783	54
1784	287	1784	105
1785	101	1785	10
1786	106	1786	77
1787	118	1787	64
Summe ⸱	1117	Summe ⸱	449
Sind also über Abzug der Ausgaben verkauft worden, ⸱	618		

M 2

Einnahm an alten Hühnern.	Stücke.	Ausgab an alten Hühnern.	Stücke.
1778	47	1778	—
1779	19	1779	1
1780	16	1780	—
1781	16	1781	1
1782	9	1782	5
1783	14	1783 bis 1786	—
1784	11	1787	7
Vermög Ein= 1785	—		
schreibbüchel 1786	22		
auch 1787	36		
Summe	**190**	**Summe**	**14**
Uiber Abzug der Ausgaben wurden verkauft	176		

Einnahm an Gänsen.		Ausgab an Gänsen.	
	Stücke.		Stücke.
1778	13	von 1778 bis	—
1779	—	1787	
1780	—		
1781	10		
1782	2		
1783	—		
1784	5		
1785	—		
1786	—		
1787	18		
Summe der zum Verkauf gebrachten	48		

Einnahm an Aenten.		Ausgab an Aenten.	
	Stü-cke.		Stü-cke.
1778	15	1778 bis 1780	—
1779	17	1781	9
1780	7	1782	7
1781	51	1783 bis 1787	—
1782	22		
1783	—		
1784	21		
1785	—		
1786	20		
1787	32		
Summe ,	185	Summe ,	16
Sind also über Abzug der Aus-gaben verkauft worden , ,	169		

Einnahm an Koppen.	Stücke.	Ausgab an Koppen.	Stücke.
1778	13	1778	—
1779	44	1779	6
1780	3	1780	—
1781	56	1781	4
1782	36	1782	15
1783	40	1783 bis 1785	—
1784	75	1786	5
1785	—	1787	—
1786	36		
1787	64		
Summe ,	367	Summe ,	30
Uiber Abzug der Ausgab, bezeigt sich, daß verkauft worden ,	337		

Einnahm an Indian.	Stücke.	Ausgab an Indian.	Stücke.
1778	4	1778	—
1779	22	1779	3
1780	3	1780	—
1781	32	1781	7
1782	12	1782	10
1783	13	1783	10
1784	11	1784	—
1785	—	1785	—
1786	10	1786	3
1787	4	1787	—
Summe:	111	Summe:	33

Nber Abzug der Ausgaben, blieben zum Verkauf : 78

Geldempfang hierauf.

	fl.	kr.	pf.
10495 Stück Eyer machen 349 Schilling 25 Stück, jeden Schilling zu 30 Stück á 12 kr. gerechnet	70	—	—
618 junge Hühner á 6 kr.	61	48	—
176 alte Hühner á 8 kr.	23	28	—
48 Gänse á 30 kr.	24	—	—
169 Aenten á 15 kr.	42	15	—
337 Kappen á 24 kr.	134	48	—
78 Indian á 1 fl. 12 kr.	93	36	—
Summe	449	55	—
Von der Einnahme die nachstehende Ausgabe abgezogen, verbleiben auf 10 Jahr übrig	372	34	—
Wovon auf einen Jahrgang trift	37	14	—

— ᴐ —

Ausgab.

	fl.	fr.	pf.
von 1778 bis 1781	—	—	—
1782	—	54	—
1783	—	—	—
1784	25	21	—
1785	31	14	—
1786	19	52	—
1787	—	—	—
Summe .	77	21	—

Einnahm um Kräutlwerk und Obst.				Ausgab auf Obstbäume, Garten- und Feldfrüchten.			
	fl.	kr.	pf.		fl.	kr.	pf.
Nr. 13.							
1778	338	42	—	1778	59	—	—
1779	299	33	—	1779	64	—	—
1780	201	14	—	1780	70	44	—
1781	246	48	—	1781	64	4	—
1782	200	—	—	1782	48	49	—
1783	279	35	—	1783	62	10	—
1784	324	—	—	1784	47	40	—
1785	221	20	—	1785	57	33	—
1786	257	36	—	1786	51	9	—
1787	200	—	—	1787	64	—	—
Summe :	2568	48	—	Summe :	589	9	—
Die Ausgabe von der Einnahme abgezogt, bezeigen sich auf 10 Jahre übrig ·	1979	39	—				
Wovon auf einen Jahrgang trift · :	197	57					

— o —

Einnahm
an verkauften Häut- und Fellwerken.

	fl.	kr.	pf.
Nr. 14.			
1778	19	20	—
1779	—	30	—
1780	—	—	—
1781	—	—	—
1782	5	—	—
1783	6	20	—
1784	6	—	—
1785	—	—	—
1786	—	—	—
1787	22	34	—
Summe .	59	44	—
Wovon auf einen Jahrgang trist :	5	58	—

Einnahm um verkauftes Holz.				Ausgab auf Holz.		
Nr. 15.	fl.	kr.	pf.		fl.	kr.	pf
1778	3488	2	—	1778	116	51	—
1779	9250	50	—	1779	142	6	—
1780	2003	43	—	1780	126	21	—
1781	7158	57	—	1781	153	3	—
1782	1861	43	—	1782	102	52	—
1783	2399	43	—	1783	105	59	—
1784	3109	41	—	1784	167	59	—
1785	6041	7	—	1785	143	15	—
1786	4132	47	—	1786	114	23	—
1787	5076	19	—	1787 samt Rißnr. 1789	17	

| Summe · | 44522 | 50 | — | Summe · | 2961 | 6 | — |

Uiber Abzug der Ausgabe, verbleiben auf 10 Jahr · | 41560 | 44 | — |

Wovon auf einen Jahrgang trift · · | 4156 | 4 | — |

Einnahm um verkauftes Feder- und anderes Wildprät.				Ausgab auf Jagd- Schußgelder.		
	fl.	kr.	pf.		fl.	kr.	pf.
Nr. 16.							
1778	74	38	—	1778	40	56	—
1779	68	35	—	1779	59	29	—
1780	53	22	—	1780	54	—	—
1781	30	41	—	1781	45	8	—
1782	55	34	—	1782	23	14	—
1783	72	22	—	1783	53	51	—
1784	47	43	—	1784	24	54	—
1785	44	21	—	1785	18	39	—
1786	69	30	—	1786	28	24	—
1787	47	24	—	1787	2	36	—
Summe :	564	10	—	Summe	351	11	—
Wird von der Einnahme die Ausgabe abgezogen, so bleiben auf 10 Jahr übrig,	212	59	—				
Wovon auf einen Jahrgang trift,	21	17	3				

Einnahm

an

Ziegelzeug und Kalk.

—o—

Einnahm an Ziegelzeug und Kalk.	Dachtaschen.
	Stücke.
Nr. 17.	
1778	5090
1779	32715
1780	33575
1781	18032
1782	20770
1783	27690
1784	28972
1785	15788
1786	14450
1787	9530
Summe :	206622

Hacken.	Mauer- steine.	Guggeisel.	Pfla- ster- steine.	Kalk.
Stücke.	Stücke.	Stücke.	Stücke.	Sch.
104	52473	13232	1942	537
—	13639	47935	—	732
—	31825	21975	237	407
—	32010	10062	—	494
317	26789	5028	—	287
1200	28031	27778	2633	493
500	23119	28195	3938	321
—	28847	5935	2540	258
308	28225	—	—	207
—	11786	9328	—	174
2429	276743	169468	12290	3910

N

—o—

Einnahm an Geld hierauf:

	fl.	kr.	pf.
Die zum Verkauf gebrachte 106622 Dachtaschen, das tausend zu 12 fl. betragen : , ,	2479	12	—
Die 2429 Häcken nach obigem Preis , , , ,	28	48	—
276700 Mauersteine pr. 1000 zu 12 fl. , : , ,	3320	24	—
169400 Guggeisel pr. 1000 zu 9 fl.	1524	36	—
11290 Pflastersteine á 4 kr.	752	40	—
Und 3910 Schaffel Kalf á 1 fl. 20 kr. , , : :	5213	20	—
Seite ,	13319	—	—
Von der Einnahme die Ausgabe abgezogen, verbleiben auf 10 Jahr übrig : , :	5490	9	—
Und auf einen Jahrgang ,	549	1	—

Ausgab.

	fl.	kr.	pf.
1778	524	55	—
1779	1227	4	—
1780	852	34	—
1781	964	20	—
1782	671	49	—
1783	872	4	—
1784	753	43	—
1785	683	13	—
1786	513	14	—
1787	765	55	—
Summe : :	7828	51	—

Einnahm an Gersten.				Ausgab an Gersten.		
Nr. 18.	Schaff.	Metzen.			Schaff.	Metzen.
1778	645	$\frac{3}{4}$		1778	645	$\frac{3}{4}$
1779	726	2		1779	716	4
1780	808	1		1780	566	—
1781	79	5		1781	331	5
1782	381	$2\frac{1}{2}$		1782	300	—
1783	198	—		1783	277	3
1784	464	1		1784	264	1
1785	490	2		1785	490	2
1786	590	3		1786	590	3
1787	503	$1\frac{1}{2}$		1787	435	$1\frac{1}{2}$
Summe :	4887	$1\frac{3}{4}$		**Summe :**	4617	$2\frac{1}{4}$
Uiber Abzug der Ausgaben verbleiben auf 10 Jahr : :	269	$5\frac{1}{2}$				
Trift also auf einen Jahrgang : :	26	$5\frac{3}{4}$				

Einnahm

an

Malz u. s. w.

Einnahm an Malz.	Schaf.	Metzen.
1778	774	1
1779	733	—
1780	631	2
1781	391	4
1782	310	3
1783	291	2
1784	478	4
1785	508	2
1786	607	5
1787	441	—
Und vermög Umſturz Protokollen ſind über die Rechnungs-Reſten noch vorhanden	1184	—
Summe	6354	3
Von der Einnahme die Ausgabe abgezogen, verbleiben auf 10 Jahr übrig	1337	4
Wovon auf einen Jahrgang trift	133	$+\frac{5}{4}$

Ausgab an Malz.	Winter-bier.		Somer-bier.	
	Schaff.	Metzen.	Schaff.	Metzen.
1778	337	4	385	—
1779	228	3	364	1
1780	145	3	284	—
1781	192	—	288	—
1782	144	—	264	—
1783	200	—	216	—
1784	224	—	256	—
1785	224	—	256	—
1786	240	—	256	—
1787	248	—	264	—
Summe :	2183	4	2833	1

Einnahm an	Winterbier.		Somerbier.	
	Eimer.	Maß.	Eimer.	Maß.
1778	1851	19	1855	16
1779	1340	39	1656	—
1780	980	58	1436	16
1781	1248	39	1512	—
1782	931	55	1386	—
1783	1275	—	1163	8
1784	1654	3	1344	—
1785	1445	4	1424	—
1786	1442	10	1344	—
1787	1501	—	1386	—
Summe . .	13670	35	14506	37
Uiber Abzug der Ausgaben bezeigt sich, daß auf 10 Jahr verkauft worden =	12816	21	13770	39
Davon trift auf ein Jahr =	1281	$40\frac{1}{7}$	1377	3

Ausgab an	Winterbier.		Sommerbier.	
	Einer.	Maß.	Einer.	Maß.
1778	76	—	57	20
1779	86	32	61	12
1780	73	59	87	22
1781	66	43	51	33
1782	75	61	69	40
1783	92	1	61	3
1784	74	24	119	18
1785	132	33	84	31
1786	77	32	68	31
1787	98	50	75	38
Summe	854	14	735	62

	Einnahm an Brantwein.			Ausgab an Brantwein.	
	Eimer.	Maß.		Eimer.	Maß.
1778	54	51	1778	—	—
1779	24	25	1779	3	43
1780	26	22	1780	—	54
1781	32	43	1781	5	21
1782	21	22	1782	—	30
1783	24	37	1783	—	12
1784	46	28	1784	—	17
1785	55	20	1785	3	13
1786	41	—	1786	—	51
1787	41	30	1787	—	18
Summe ‧	368	38	Summe ‧	15	19
Uiber Abzug der Ausgaben, sind auf 10 Jahr verkauft worden ‧ ‧ ‧	353	19			
Davon auf einen Jahrgang trift ‧	35	$19\frac{9}{10}$			

Einnahm an Hopfen.			Ausgab an Hopfen.		
	Centen.	Pfund.		Centen.	Pfund.
1778	25	21	1778	19	38
1779	27	19	1779	17	22
1780	22	5	1780	13	33
1781	21	69	1781	19	4
1782	26	11	1782	16	73
1783	17	24	1783	13	52
1784	3	85	1784	21	3
1785	14	35	1785	25	2
1786	18	46	1786	21	62
1787	15	18	1787	17	76
Summe ·	191	33	Summe ·	184	65
Die Ausgab von der Einnahme abgezogen, zeiget sich, daß auf 10 Jahr übrig verblieben ·	6	68			
Wovon auf einen Jahrgang trift · · ·	—	$66\frac{8}{15}$			

Einnahm an Pech.				Ausgab an Pech.		
	Centen.	Pfund.			Centen.	Pfund.
1778	18	5		1778	14	62
1779	13	70		1779	13	—
1780	11	12		1780	9	21
1781	21	83		1781	10	99
1782	9	97		1782	9	53 -
1783	—	—		1783	10	2
1784	14	73		1784	12	39
1785	—	—		1785	9	39
1786	10	4		1786	10	20
1787	18	92		1787	12	5
Summe :	118	36		Summe :	111	40
Über Abzug der Ausgaben verbleiben ; ;	6	96				
Und auf einen Jahrgang ,	—	$69\frac{6}{10}$				

Einnahm an Trebern.			Ausgab an Trebern.	
	Eul- den.			Gul- den.
1778	104		1778	27
1779	86		1779	15
1780	65		1780	10
1781	60		1781	9
1782	51		1782	8
1783	52		1783	9
1784	60		1784	9
1785	61		1785	9
1786	62		1786	9
1787	64		1787	9
Summe ⸗	665		Summe ⸗	114
Uiber Abzug der Ausgaben verblei- ben ⸗ ⸗ ⸗ ⸗	551			
Also auf einen Jahr- gang ⸗ ⸗ ⸗	$55\frac{1}{10}$			

Geld ausgaben auf	Bräumeister und Bräuleute		Huf- und Kurpferschmid.		Taglöhner.		Sud- und Dörrholz.		Küfer.	
	fl.	kr.	fl.	kr.	fl.	kr.	fl.	kr.	fl.	kr.
1778	106	40	—	—	—	—	500	—	30	—
1779	106	40	—	—	160	28	302	30	30	—
1780	106	40	—	—	141	21	311	45	30	—
1781	106	40	—	—	40	13	282	30	30	—
1782	106	40	—	—	2	—	227	30	44	16
1783	106	40	45	—	6	38	232	30	34	27
1784	106	40	2	11	43	52	282	30	47	49
1785	106	40	17	—	68	57	290	—	35	27
1786	106	40	—	—	18	20	301	30	40	25
1787	106	40	13	50	16	8	295	—	43	29
Sume	1066	40	78	1	497	57	3025	45	366	3

Summarum 45620 fl. 20 kr. Wovon

Faßpech.		Hopfen.		Kerzen und Schaufeln.		Gersten.		Aufschlag.	
fl.	kr.	fl.	kr.	fl.	kr.	fl.	kr.	fl.	kr.
106	4	902	48	8	24	3448	—	1252	—
90	20	995	44	—	—	1442	—	—	—
74	8	299	30	—	—	3622	44	—	—
44	56	92	29	11	36	2315	27	—	—
145	32	82	44	1	51	1621	52	618	—
—	—	61	16	20	25	1964	54	1413	41
98	12	74	31	11	15	2542	16	1327	5
—	—	279	36	19	12	3770	44	1750	14
47	48	425	8	20	20	3188	53	1686	29
124	52	325	29	51	12	2824	29	1381	44
731	52	3539	15	144	15	26741	19	9429	13

auf einen Jahrgang trift 4562 fl. 2 kr.

Geldrechnung über Einnahm

Einnahm.	fl.	kr.	pf.
Die pro Resto verbliebene Materialien müssen diesorts pr. Empfang gesetzt werden, weil diese als nicht verbraucht, auch in Geld in der Rechnung gesetzt worden sind, als			
Gersten 26 Schaffel 5 Metzen 3 Vierling á 5 fl.	134	47	2
Malz 133 Sch. 4 M. 1 V. á 6 fl. 30 kr.	869	6	1
Winterbier 1281 Eimer 40 Maß á 2 fl. 30 kr.	3204	10	—
Sommerbier 1377 Eimer 3 Maß á 3 fl.	4121	9	—
Brantwein 35 Eimer 19 Maß á 12 fl.	423	48	—
Hopfen 66 Pfund á 36 kr.	39	36	—
Pech 69 Pfund á 5 kr.	5	45	—
Trebern 55 Suden zu 8 Sch. á 6 fl.	330	—	—
Summe	9128	21	3

und Ausgab beym Bräuhaus.

Ausgab.	fl.	fr.	pf.
Die vorstehend rubricirt sämmtliche Bräuhaus-Ausgaben, kommen auf einen Jahrgang diesorts anzusetzen　　　:　　:　　:	4562	2	—
Summe per se!			
Wird also die Ausgab von der vorstehenden Einnahme abgezogen; so bezeigt sich, daß zum jährlichen Gewinn übrig verblieben sind *　　,　　:　　:　　:	4566	19	3

* Alle voreilige Kenner im Polizeywesen werden bey Einsehung dieses Bräuhaus-Nutzen freylich sogleich aufschreien: das ist entsetzlich, mit 4562 fl. in einem Jahr wieder 4566 fl. zu gewinnen! Da sieht man, warum die bräuende Stände so geschwind reich werden! Da liegt klar vor Augen, wie das Publikum durch die Bräuereien hergenommen, und die Aufschlagsgefälle benachtheiliget werden! Geduld, Ihr Herren! Ihre schiefe Einsicht wird eben so klar mit kurzem widerlegt seyn. Um diesen Bräu-Nutzen, so wie er aus den Rechnungen getreulich gezogen worden, und gegenwärtig der Welt vor Augen gelegt wird, zu realisiren; mußte auf Erbauung des

O

Bräu-

Einnahm um verkaufte Asche.

Nr. 19.		fl.	fi.	pf.
	1778	7	30	—
	1779	—	—	—
	1780	2	50	—
1781 bis 1787		—	—	—
Summe		10	20	—
Wovon auf einen Jahrgang trift		1	2	—

Bräuhauses, und dessen Einrichtungen
baare 48000 fl. ausgelegt werden. Der
selbst erbauende Hopfen vermindert die
Getreid-Einnahme alle Jahr recht gering
genommen, um 800 fl. — die um baares Geld eroberte Material-Resten
kommen nur bey einem Verkauf der
Güter zur Einnahm anzusetzen, weil
diese in Geld verausgabte Materialien
sonst dem Verkäufer zu Verlust giengen,
dem Käufer aber doppelt zur Einnahme
zuflieſſen würden: Und was man beym
Bräuwesen zu rißquiren hat, welches
freylich nur Bräuverständige wiſſen,
betragt manchmal eine beträchtliche
Summe. Wenn demnach die Nutzung dieſer
Auslagen, und Entgang derſelben, von der
Bräuhaus-Einnahme, wie billig, abgezogen
wird, so wird jedes Kind, welches in der
deutſchen Schule die Subtraction gelernet,
einsehen, daß der wahre Nutzen allenfalls das
landesübliche Intereſſe jährlich abwirft.

Verschiedene Einnahmen.	fl.	kr.	Verschiedene Ausgaben.	fl.	kr.
Nr. 20.					
1778	123	40	1778	69	—
1779	109	15	1779	42	31
1780	43	—	1780	68	19
1781	101	36	1781	91	16
1782	90	39	1782	61	4
1783	137	55	1783	86	54
1784	44	11	1784	104	33
1785	438	22	1785	51	9
1786	142	13	1786	38	2
1787	94	49	1787	42	36
Summe	1325	40	**Summe**	655	24
Uiber Abzug der Ausgaben verblieben	670	16			
Daher trift auf einen Jahrgang	67	$1\frac{1}{2}$			

D 2

Aus gaben auf	Feld- und Wiesenarbeit		Salz.		Vothenlöh-ner.		Kerzen und Gassen.		Ihrungen	
Nr. 21.	fl.	kr.	fl.	kr.	fl.	kr.	fl.	kr.	fl.	kr.
1778	82	—	20	—	10	58	12	—	23	4
1779	108	34	41	58	11	50	30	48	76	3
1780	45	3	12	36	10	58	32	15	29	27
1781	45	28	8	24	12	—	1	24	17	40
1782	115	5	42	—	3	36	30	20	17	30
1783	87	10	16	—	11	20	11	21	20	38
1784	92	46	17	36	39	—	15	6	11	43
1785	28	43	20	6	16	25	29	15	16	23
1786	27	2	21	39	18	44	29	—	24	17
1787	116	19	42	19	29	30	44	36	15	16
Summe	888	10	242	38	164	21	236	5	252	1

Summarum 1783 fl. 15 kr.   Wovon auf einen
Jahrgang trift 178 fl. 19 kr. 2 pf.

Ausgab

auf

Handwerksleute.

Ausgab auf Handwerksleute.	Schlosser Uhr und Büchsenmacher.		Binder.	
Nr. 22.	fl.	kr.	fl.	kr.
1778	3	—	7	10
1779	2	44	8	58
1780	1	22	12	28
1781	3	20	25	5
1782	8	15	5	28
1783	1	28	4	30
1784	3	32	6	9
1785	4	1	3	29
1786	6	30	4	—
1787	3	38	1	42
Summe	36	50	78	39

Summarum 1730 fl. 28 kr. Aus welchen

Reichsfreyherrlich Weichsisches

Huf-schmid.		Wagner.		Sailer.		Schnei-der.		Satt-ler ꝛc.	
fl.	kr.	fl.	kr.	fl.	kr.	fl.	kr.	fl.	kr.
61	—	8	—	23	—	1	20	7	40
72	—	7	6	63	45	2	10	28	41
66	50	38	41	12	23	1	46	6	—
31	—	32	32	72	8	1	33	8	55
114	26	24	31	23	45	2	3	18	35
72	24	17	47	28	30	3	30	21	5
91	20	11	46	39	12	3	11	17	23
92	54	13	35	1	56	1	—	10	41
104	7	33	2	66	45	2	43	11	43
84	1	16	48	26	53	3	—	59	53
840	2	203	48	358	17	22	16	190	36

auf einen Jahrgang trift 173 fl. 2 kr.

Herrschaftsgericht Falkenfels.

J. M. Hallermayer,
Verwalter.